★

1946-1950
国共生死决战全纪录

汪 峰 郭建军◎编著

鏖战孟良崮

长城出版社

图书在版编目（CIP）数据

鏖战孟良崮 / 汪峰，郭建军编著. －北京：长城出版社，2011.4
(国共生死决战全纪录丛书)
ISBN 978-7-5483-0065-6
Ⅰ. ①鏖… Ⅱ. ①汪… ②郭… Ⅲ. ①孟良崮战役（1947）－史料 Ⅳ. ① E297.4

中国版本图书馆 CIP 数据核字（2011）第 058760 号

责任编辑 / 徐　华　箫　笛

鏖战孟良崮

编　　著 / 汪　峰　郭建军
图　　片 / 解放军画报社授权出版　gettyimages 授权出版
　　　　　资深档案专家王铭石先生供稿
出　　版 / 长城出版社
地　　址 / 北京甘家口三里河路 40 号
邮　　编 / 100037
电　　话 /（010）66817982　66817587
开　　本 / 720 × 1000mm　1/16
字　　数 / 240 千字
印　　张 / 17.5 印张
印　　刷 / 北京龙跃印务有限公司
版　　次 / 2011 年 4 月第 1 版
印　　次 / 2014 年 3 月第 2 次印刷

标准书号 / ISBN 978-7-5483-0065-6/E · 996
定　　价 / 49.80 元

解读国共生死大较量的历史
重温先辈们激情燃烧的岁月

① 1947.5.11~16

敌我双方交战示意图

孟良崮战役示意图

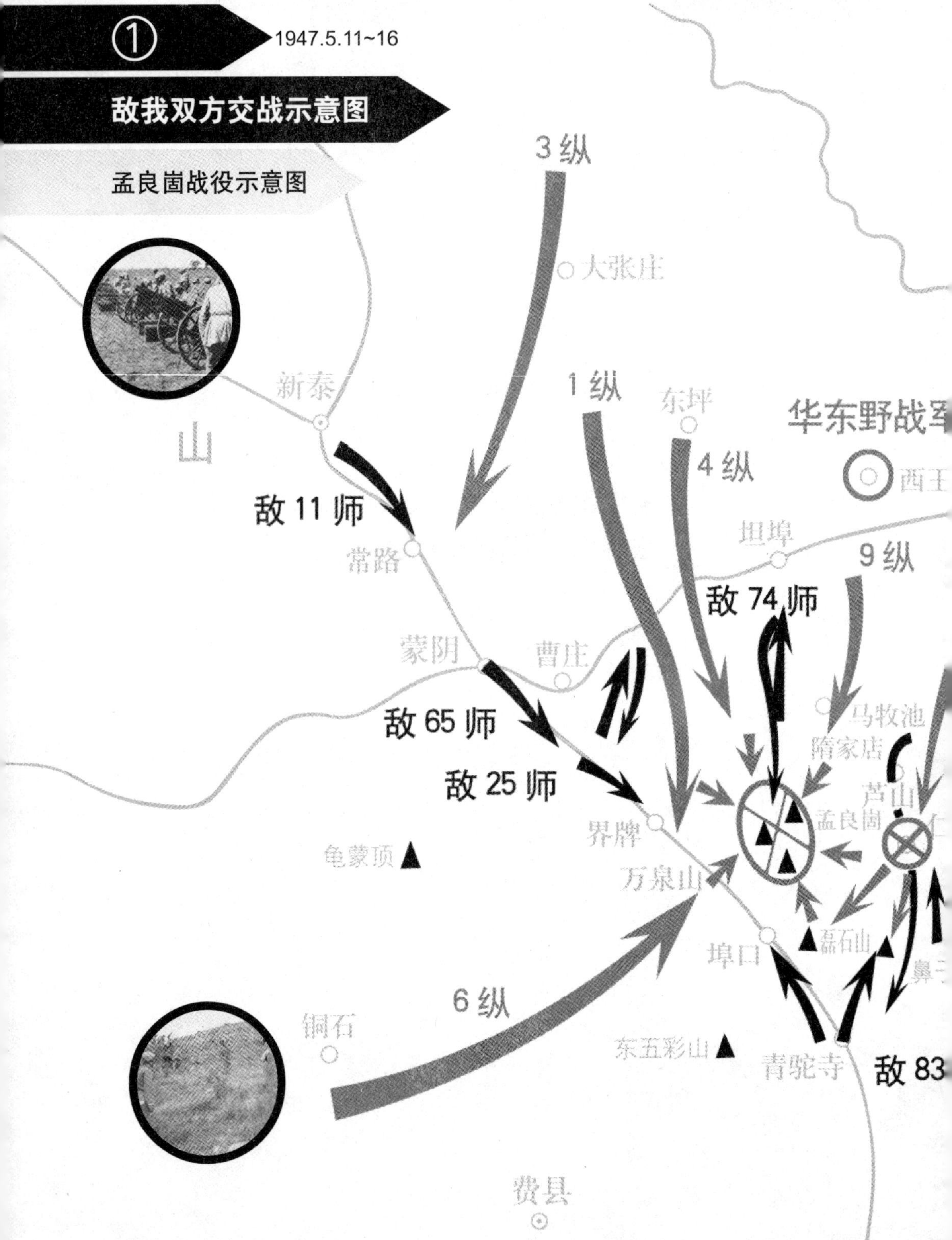

② 作战时间

1947年5月11日～16日

③ 作战地点

鲁沂蒙山区的孟良崮地区

④ 敌我双方参战兵力

我军：

华东野战军第1、2、3、4、6、7、8、9、10纵队等部队约14万人。

敌军：

国民党军整编第74师、第25师、第83师等部约20万人。

⑤ 作战结果及意义

华东野战军歼国民党整编第74师师部，第51旅、第57旅、第58旅全部及整编第83师第19旅一个团，共计3.2万余人（其中俘虏1.96万人），自身伤亡1.2万余人（其中亡2,043人），双方人员损失对比为2.7∶1。此次战役给向山东解放区进攻的国民党军以沉重打击，打乱了国民党军对山东重点进攻的计划。整编第74师被歼，在国民党军内部震动极大，蒋介石哀叹是其“最可痛心、最可惋惜的一件事”。

⑥ 我军主要指挥官

解放军华东野战军司令员兼政治委员陈毅，华东野战军副司令员粟裕，第1纵队司令员叶飞、第2纵队司令员韦国清、第4纵队司令员陶勇、第6纵队司令员王必成。

★ 陈 毅

四川乐至人。1919年赴法勤工俭学。1921年回国。1927年参加了南昌起义，任第11军25师73团政治指导员。土地革命战争时期，任工农革命军第1师党代表，红军第4军12师党代表、师长，红4军军委书记、军政治部主任，红6军、红3军政治委员，红22军军长等职。领导了南方三年游击战争。抗日战争时期，历任新四军第1支队司令员，江南指挥部、苏北指挥部指挥，新四军代军长。解放战争时期，任新四军军长兼山东军区司令员，华东军区司令员，华东野战军司令员兼政治委员，第三野战军司令员兼政治委员。1955年被授予元帅军衔。

★ 粟 裕

湖南会同人。参加了南昌起义和湘南起义。土地革命战争时期，历任红4军参谋长，红一军团教导师政治委员，红11军参谋长，红七军团参谋长，红十军团参谋长，红军北上抗日先遣队参谋长，挺进师师长，闽浙军区司令员。坚持了南方三年游击战争。抗日战争时期，任新四军第2支队副司令员，新四军第1师师长兼政治委员，苏中军区、苏浙军区司令员兼政治委员。解放战争时期，任华中军区副司令员，华中野战军司令员，华东野战军副司令员、代司令员、代政治委员，第三野战军副司令员。1955年被授予大将军衔。

★ 叶　飞

时任华东野战军第1纵队司令员。1955年被授予上将军衔。

★ 韦国清

时任华东野战军第2纵队司令员。1955年被授予上将军衔。

★ 陶　勇

时任华东野战军第4纵队司令员。1955年被授予中将军衔。

★ 王必成

时任华东野战军第6纵队司令员。1955年被授予中将军衔。

⑥

我军主要指挥官

华东野战军副政治委员谭震林、参谋长陈士榘，第8纵队司令员王建安、第9纵队司令员许世友、第10纵队司令员宋时轮。

谭震林

湖南攸县人。土地革命战争时期，历任红4军第2纵队政治委员，第4纵队政治部主任，红一军团第12军政治委员，红一方面军总前敌委员会委员，率部参加了中央苏区第一、第二、第三次反“围剿”。在闽西地区坚持了极其艰苦的三年游击战争。抗日战争时期，先后任新四军第2、第3支队副司令员，新四军第6师师长兼政治委员，新四军第2师政治委员。解放战争时期，历任中共中央华中分局副书记，华中军区副政治委员兼政治部主任，华中野战军政治委员，华东野战军副政治委员，第三野战军第一副政治委员兼第7兵团政治委员。

陈士榘

湖北荆门县人。1927年参加了湘赣边界秋收起义。土地革命战争时期，历任红12军第34师参谋长，红一军团司令部作战科科长，第4师参谋长，红13军参谋长、代军长。参加了长征。抗日战争时期，历任八路军115师343旅参谋长，晋西支队司令员，八路军115师参谋长，山东滨海军区司令员。解放战争时期，任新四军兼山东军区参谋长，华东野战军参谋长兼西线兵团司令员，第三野战军参谋长兼第8兵团司令员、南京警备司令员。1955年被授予上将军衔。

★★★★★

★ 王建安

时任华东野战军第8纵队司令员。1956年被授予上将军衔。

★ 许世友

时任华东野战军第9纵队司令员。1955年被授予上将军衔。

★ 宋时轮

时任华东野战军第10纵队司令员。1955年被授予上将军衔。

⑦

敌军主要指挥官

国民党军第1兵团司令长官汤恩伯，整编第74师师长张灵甫，整编第83师师长李天霞。

★ 汤恩伯

浙江武义县人。国民党陆军上将。日本士官学校第十八期炮兵科毕业。20世纪30年代，历任国民党军第4师副师长兼第18旅旅长，第2师师长，第89师师长，第13军军长，第二十军团军团长，第2集团军总司令，第31集团军总司令。1944年任黔桂湘边区总司令。1945年2月任第三方面军总司令。1946年7月，任陆军副总司令兼南京警备司令。1947年3月，任第1兵团司令。1949年1月，就任京沪杭警备总司令。后逃往台湾。

★ 张灵甫

陕西长安县人。国民党二级陆军上将。黄埔军校第四期毕业。曾任国民党军第58师师长，第74军副军长、军长等职。后第74军改编为有“王牌师”之称的整编第74师，张灵甫任师长。1947年5月在孟良崮战役中被人民解放军击毙。

★ 李天霞

上海人。黄埔军校第三期毕业。曾任国民党军第74军第51师旅长、师长，第74军副军长，第100军军长，整编第83师师长，第73军军长等职。后逃往台湾。

★★★★★

目 录

华东野战军
沂
东
纵
西王庄

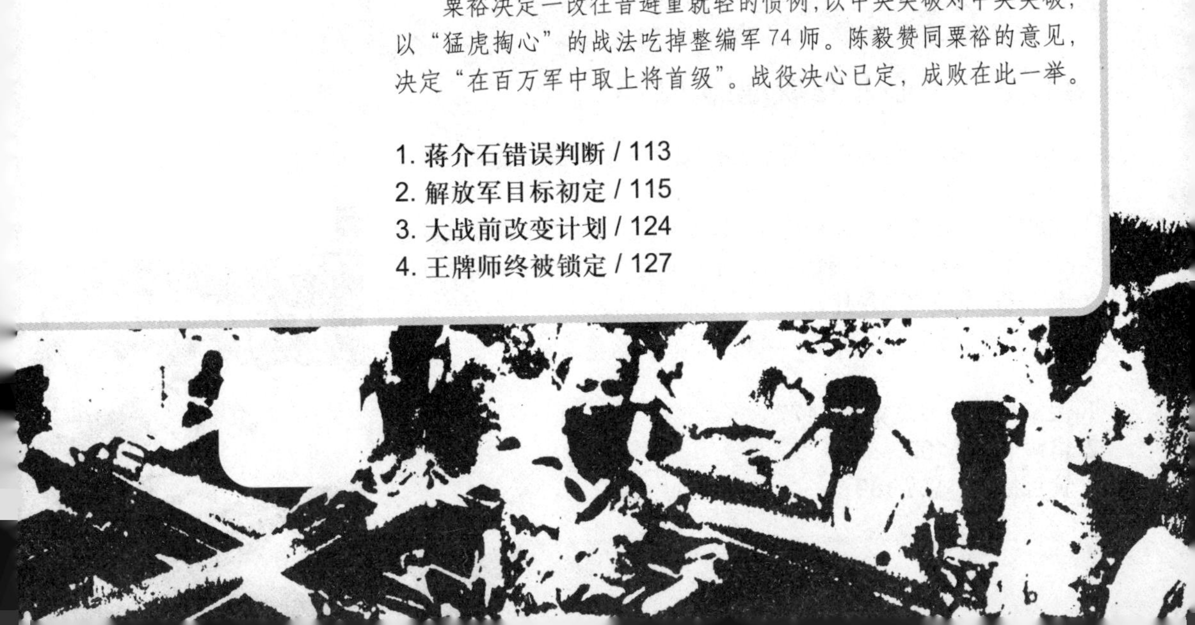

目 录

6纵正在鲁南准备攻歼白彦之敌，忽接陈粟急电：“昼夜兼程回师，占领垛庄，完成合围。”

王必成精神为之一振，6纵官兵两昼夜用两片脚板行军两百多里，神速抵达。

18师领受重任轻取垛庄，迅速与1纵、8纵打通联系。

粟裕出奇兵在张灵甫背后猛插一刀，敌74师最后一条退路被截断，陷入华野5个纵队的包围中。

陈诚电告张灵甫：“只要你再坚守3个钟头，援兵就可以到达。”

14日上午，1纵攻占天马山、界牌。15日，敌25师援兵急攻界牌、天马，战况空前惨烈，阻击阵地多次失而复得。

1纵1师廖政国手里已无预备队，要指挥路过的4纵的部队，4纵营长说：“为了整体利益，我们听你的指挥。”

直到74师被全歼，敌军始终未能突破界牌、天马一线。

蒋介石认为大好时机已到，部署“磨心战术”。陈诚要求张灵甫“密切配合，来一个内外夹击，中心开花！”

张灵甫不接受蔡仁杰和魏振钺的意见，认为无论求助李天霞还是投奔黄百韬都有失74师的身份。李天霞与张灵甫素有积怨，以一个连冒充一个旅虚与应付。

张灵甫在报话机里哀求“向我靠拢，向我靠拢……”

第一章

血火沂蒙

★★★★★

∧ 抗战时期陈毅（右二）、粟裕（右一）在进军黄桥途中。

华东野战军取得宿北、鲁南和莱芜战役的胜利，如记记重拳敲得蒋介石痛心疾首。蒋决定调整战略，改“全面进攻”为“重点进攻”。蒋撤销徐州、郑州两个“绥靖”公署，组建“陆军总司令部徐州司令部”，由顾祝同坐镇指挥。按蒋训示，顾试图以集团滚进、东压北挤的战法“碾死”陈粟，沂蒙地区一时血火燃烧。

1. 戴之奇宿北曝尸

孟良崮战役，是陈毅和粟裕率领华东野战军打得最漂亮的一仗，将蒋介石最精锐的整编第74师一举歼灭，使其在“最强大和几乎唯一的进攻方向”上折戟沉沙。

1946年的夏天，山东野战军进攻泗县失利。9月19日，苏皖解放区的首府淮阴失守。山野司令员陈毅陷入痛苦的煎熬中。

9月23日，中共中央军委做出决定，“山野、华野两军集中行动，两个指挥部亦应合一。提议陈毅为司令员兼政委，粟裕为副司令员，谭震林为副政委”。粟裕遂率华野主力北移涟水，山东野战军和华中野战军合并以后，总兵力达到了10万人以上。

陈、粟合兵，必有大作为。一个四川人，一个湖南人，在新四军时期便有了“陈不离粟，粟不离陈”的默契，此番合为一处，肯定又要奏响新的乐章。

9月25日，在涟水县西北的陈师庵，陈粟二人的手紧紧地握在了一起。陈毅说：“党内公认，我陈毅是最善打败仗的，这一次你我联手，就是要打它几个胜仗，扭转乾坤。”粟裕说：“还是像过去一样，你来拿大主意，我当好助手，具体地一步步地实施。”

10月15日，中共中央军委电示陈粟：“蒋方计划引我去山东，我久不去，乃决心与我在淮北决战。此种情况于我有利。望你们集中山野、华野全力歼灭东进之敌，然后全军西渡收复运河，于2至3个月内务歼薛岳7至10个旅，就一定能转变局势，收复两淮，并准备将来向中原出动。”

“在陈领导下，大政方针共同决定，战役指挥交粟负责。”

10月19日，山野和华野主力刚刚集结于涟水以北的沭阳、宿迁地区，国民党整编第74师和整编第28师第192旅共3万余人扑向涟水城。粟裕指挥涟水保卫战，歼敌9,000余人。张灵甫致电胡琏和方先觉称：“匪军无论战略战役战斗皆优于国军。数月来，匪军向东则东，往西则西。本军北调援鲁，南调援两淮，伤亡过半，决战不能。再过年余，死无葬身之地。”

11月28日，蒋介石在南京黄埔路的官邸显得异常忙碌，国民党军参谋总长陈诚在向整编第11师师长胡琏和整编第69师师长戴之奇布置任务。胡琏和戴之奇虽然同为黄埔四期学友，却一直互不服气，面和心不合，此时在校长蒋介石面前，不得不做出一副洗耳恭听的样子，接受陈诚布置任务。

陈诚手捧文件夹，面色凝重，语气严肃：“几个月来，虽然大家都很努力，但是共军并没有从根本上被打倒。特别是华东战区的陈毅和粟裕，居然在我们的眼皮子底下扛到了现在，而且合兵一处匪焰愈炽。这让我们如何向国人解释，如何向校长解释，如何向全世界解释？所以，我们必须下定决心一举而歼灭陈粟的部队。此次行动，第一个目标就是攻下新安镇，彻底占领东陇海铁路，完成战略分割，切断苏、鲁联系。第二步，集中兵力围歼粟裕部。”

陈诚清了清嗓子，接着说：“为完成作战目标，我们集结了25个半旅组成了4路大军，第一路，以宿迁的整编第69师和专从鲁豫战场调至徐州的整编第11师，由徐州“绥署”主任吴奇伟将军指挥，先行攻下新安镇、沭阳。第二路，以74师、28师5个旅，由徐州“绥靖”副主任李延年指挥，由淮阴进攻涟水。第三路，以65师、83师、

国民党徐州“绥靖”公署副主任吴奇伟

广东大埔人。国民党陆军中将。保定陆军军官学校毕业。1930年后，任国民党军第4军12师师长，第90师师长，第4军军长，庐山军官训练团第1大队队长等职。抗日战争时期，任第19集团军副司令，第9集团军司令，第四、第六战区副司令长官，湖南省政府主席等职。抗日战争胜利后，任武汉行营副主任，徐州“绥靖”公署副主任，华北“剿总”副司令，广东“绥靖”公署副主任等职。1949年5月，率部起义。

25师等部共5个旅，由东台向盐城、阜宁进攻。第四路，以26师附第1快速纵队，51师、77师等部分别由峄县、台儿庄、枣庄向临沂、郯城进攻。”

陈诚向胡琏和戴之奇强调：“宿北地区水泽纵横，考虑到你们的难处，国防部特意给你们加强一个炮兵团，一个工兵团，徐州的作战飞机也由你们调用。这样，你们的

∧ 时任国民党军参谋总长的陈诚。

∧ 抗战时期的蒋介石。

兵力将达到7万多人，装备也自然加强了许多。”

蒋介石带着浓重的奉化口音说：“你们两人都是我的好学生，要记住，黄埔精神讲的就是精诚团结。这次让你们俩来打华东这一仗，务求胜利！”蒋介石缓了口气，语重心长地说：“你们知道，国民大会马上要召开了，你们这一仗打好了，一方面为国大献了份厚礼，一方面也能让国际国内的舆论变得对我们有利一些。”

戴之奇和胡琏赶紧起身宣誓：“誓死完成任务，不成功，则成仁！”

国民党几十万大军在薛岳的指挥下直扑苏北和鲁南，矛头直指新四军军部驻地临沂，局势骤然紧张。

强敌压境，陈毅迅速会同山野和华野将领召开会议。

陈毅说：“蒋介石这次打过来意图很明显，那就是为召开伪‘国大’在军事上造势。我们面临的困难很大，但绝不能让敌人得逞。国民党军4路来袭，看着来势汹汹，其实绝不是无懈可击，他们的战线展开长达300多公里，各部间隙甚大，攻其任何一路，搞好拦截，别路都不能及时增援。大家看看，我们该拿哪一路开刀？”

陈士榘指着地图说：“敌人的目标是占领沭阳和新安镇，这两镇被占，则我全局不活。4路敌军中，整编第11师刚从中原调来，兵多将骄，不了解淮北情况。整编第69师战斗力较弱，师长戴之奇军事指挥无能，政治冒险精神十足，借着刚被蒋介石提拔为中将师长的劲头，极有可能冒进邀功。为此，胡琏和戴之奇这一路最值得打，打了宿迁之敌，等于在敌人腰腹地带切上一刀，腰腹一断，4路进攻相应化解。”

陈士榘接着说：“我们决定调集3个纵队两个师，共计24个团的优势兵力攻击敌人，其中1纵为叶飞部，2纵为韦国清部，9纵为张震部，7师成钧、赵启民的5旅，8师何以祥、丁秋生部。此外，经粟裕同志建议，1师也正在北上参战的途中。”

陈毅说：“各纵的具体部署是这样的，张震9纵在马陵山五花顶和邵店叶海子一带监视宿迁敌人，6师6旅和7师19旅在涟水；7纵、10纵13旅位于盐城，鲁南10师、滨海警备旅放在峄县以东地区；1师由盐城开赴涟水城。”

12月13日，吴奇伟下达命令，国民党军整编第69师和第11师6个半旅分两路进攻新安、沭阳。

同日，陈毅和粟裕发布了作战预令。由9纵在来龙庵一带阻击敌11师，以1纵、8师从骆马湖方向直插峰山、晓店，以2纵、7师直插敌后。

在茫茫的夜色中，华野战士在急速地穿插，由于宿北一带是老区，老百姓知道是自己的子弟兵在行动，除了默默地祝福他们打胜仗外，没有任何干扰，穿插进行得非常顺利。

12月15日拂晓，1纵、8师到达晓店嶂山镇西北，2纵到达韩集、太山集一线，一张巨网已经悄然布下，只等69师的到来。

戴之奇率领69师一路往前进攻，没有受到太大的阻碍，很快就打到了五花顶，他的心里得意非凡，赶紧给胡琏打了个电话：“胡兄，你那里进展得怎么样啊，我可是到了五花顶了。”胡琏道：“戴兄，我这里也是势如破竹呀！”戴之奇赶紧挂上电话，指挥部队发起更猛烈的冲击，却不知我军已经完成了穿插分割，正要起网捉鱼呢。

15日黄昏，第8师向峰山发起攻击。峰山是嶂山镇与晓店之间

成 钧

湖北石首人。土地革命战争时期，任贵州独立师第1团副团长，第6师18团团长等职。抗日战争时期，任新四军第四支队8团营长，第五支队挺进团团长，第10团团长，第四军第2师5旅旅长兼淮南路西分区司令员等职。解放战争时期，任山东野战军第2纵队5旅旅长，第7师师长，华中野战军第7纵队司令员，第三野战军25军军长等职。

∧ 成钧，1955年被授予中将军衔。

∧ 何以祥，1955年被授予少将军衔。

何以祥

四川西充人。土地革命战争时期，任红二军团第4师10团团长，军团司令部侦察科科长等职。抗日战争时期，任八路军山西办事处附设学兵大队大队长，晋西游击第2大队大队长，晋西独立支队参谋长，第115师教导第2旅参谋长，山东纵队第2旅旅长兼滨海独立军分区司令员，山东军区司令部参谋处副处长等职。解放战争时期，任山东军区第8师师长，华东野战军第3纵队司令员，第三野战军第8兵团参谋长等职。

∨ 我军某部指挥员在战前开会研究作战问题。

的制高点，也是整个战场的制高点，是进攻和防御的重要依托，也是整个战役的关键点之所在。8师用23和24两个团的兵力，经过4次猛烈冲击，占领了峰山主峰上的围寨，牢牢地控制了战场的制高点。

1纵叶飞的部队执行穿插任务，一度攻到了曹家集土围，距离胡琏的师部仅几百米。胡琏赶紧组织部队反击，双方一阵混战，到黄昏时1纵主动撤出战斗。

16日，敌预备第3旅和第60旅以约两个团的兵力，在飞机和炮火的支援下，反扑峰山。峰山的得失对整个战役关系重大，粟裕给8师师长何以祥、政委丁秋生下了死命令，要不惜一切代价守住峰山。何以祥在电话中命令我峰山守军，“刺刀见红，人在阵地在”。

惨烈的争夺战在峰山展开，国民党军在手枪队的威逼下，潮水般一浪又一浪地涌上来，8师官兵冲出战壕，用刺刀把敌人赶回去。最终，国民党军在阵前留下一片狼藉的尸体，峰山阵地岿然不动。

争夺峰山失利，戴之奇的额头冒出了大颗大颗的冷汗，他太明白这意味着什么了。预备第3旅被掐头去尾，余部窜入了晓店子。叶飞率1纵已经将他和11师的联系完全切断，其一部插入晓店子以南，占领了三台山，敌后路也被断绝。韦国清率2纵正向高圩、李圩攻击。第7师第5旅和9纵的一部也把敌49旅分割包围住了。四面铁桶，戴之奇感到一种近乎窒息的恐慌。他顾不得颜面了，赶紧向胡琏求援：“念在同窗之谊，请速速向我靠拢！”

17日，胡琏令11旅、18旅在炮兵火力掩护下，由井儿头、曹家集等地向1纵进攻，企图解救戴之奇。叶飞指挥1纵一面顽强阻击，一面从傅家湖以南迂回其右翼，敌援兵见势不妙，仓皇回窜。第8师则用5个小时迅速地解决了预备第3旅。第69师残部纷纷向师部人和圩收缩，企图固守待援。粟裕不待敌人喘息，命令1、2、9纵和第7师5旅等部向被分割包围的69师师部及41旅、60旅展开逐点攻击，双方往来拉锯，战况异常惨烈。

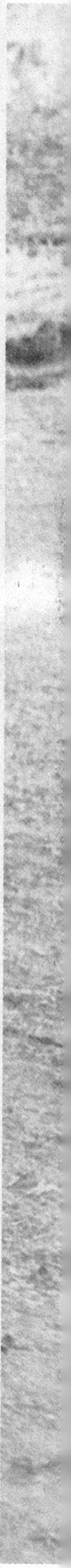

18日，胡琏在蒋介石的督催下，再次组织兵力北援，被我1纵和8师牢牢地挡在了外面，胡琏部甚至能听得见枪声和哀号，但就是过不了我军的防线。戴之奇见增援无望，用飞机掩护李坪、罗庄的60旅突围，我军迅速出击，很快将其全歼，敌第60旅旅长黄保德被俘。

黄昏，2纵和9纵发起总攻，迅速突入人和圩。戴之奇在指挥部听到越来越近的枪炮声，自知大难已到，面向南京，叹道："校长，我坚守了五天五夜，但胡琏负我，陈诚欺我，我又奈何。我亲口向您说过要以身许国，现在是兑现的时候了！"拔出枪来，饮弹自尽。

宿北战役，华野全歼国民党军整编第69师，共2万余人，敌师长戴之奇自尽，副师长饶少伟被生擒，初步扭转了华东战局。

陈毅闻讯大喜，遂赋诗一首，诗曰："敌到运河曲，聚歼夫何疑？试看峰山下，埋了戴之奇。"

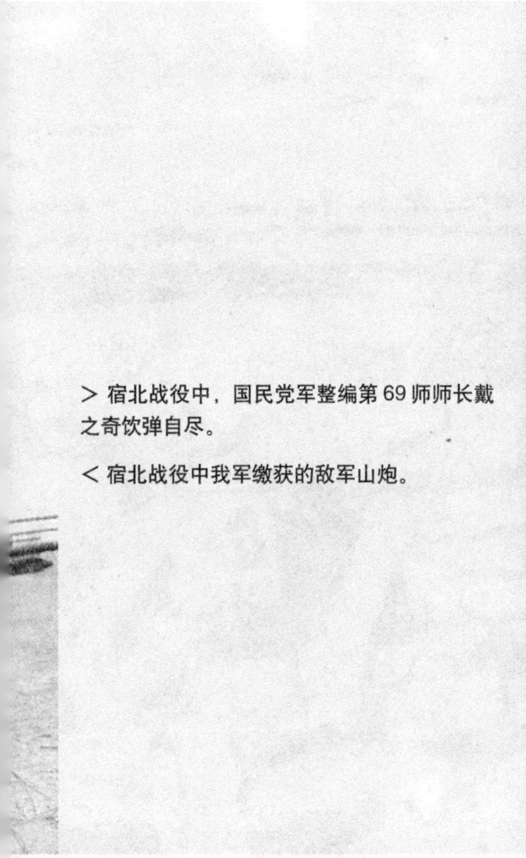

> 宿北战役中，国民党军整编第 69 师师长戴之奇饮弹自尽。

< 宿北战役中我军缴获的敌军山炮。

2.“南京蒋贼应泪垂”

陈毅和粟裕并没有被宿北战役的胜利冲昏了头脑，他们清醒地认识到，这场战役的胜利，只是开始扭转战局。但从整体看，只是把敌人的包围圈打开了一个缺口，这个缺口随时会被敌人重新补上。

1946 年 12 月 17 日，就在宿北战役结束的前一天，陈粟开始酝酿组织一次新的战役，恰在此时，中央军委来电：

宿北战役结束后第二步作战，宜集中主力歼灭鲁南之敌，并相机收复枣庄、峄县、台儿庄，使鲁南获得巩固。

1946 年底，国民党军整编第 33 军、整编第 26 师、整编第 51 师及第 1 快速纵队向

＜我军向前线开进途中。

鲁南腹地步步推进。整编26师一律美式装备，在印缅抗日立下赫赫战功，号称“国军精华”、“南京之长城”，此番前来，气势逼人，一心要端掉陈毅和粟裕的司令部。面对强敌，陈粟决心发动鲁南战役，给敌人来个下马威。经发电请示，军委指示山东、华中野战军：

鲁南战役关系全局，此战胜利即使苏北各城全失，亦有办法恢复……第一仗似以打26师三个旅为适宜。

国民党整编第26师

在国民党军历史上，整编第26师的番号先后出现了两次。1946年6月后，中央军第26军被改编为整编第26师。师长马励武，隶属于徐州“绥靖”公署，下辖第44、第169旅。1947年1月，该师在鲁南战役中被人民解放军全歼。1948年初，重庆“绥靖”公署重新组建了一个整编第26师。师长余程万，下辖第93、第193旅。1948年10月以后，该师被改编为第93军。

山东、华中野战军接到指示后立马下定决心，“出奇兵，打强敌，枪打出头鸟”，在鲁南寻机歼敌，以减轻华东战场的压力。首先集中27个团的兵力组成左、右两个集团，力求先歼整编第26师或第1快速纵队，然后再歼整编第33军或整编第51师，另以24个团的兵力阻击敌军，保障鲁南方向主力作战。部署完毕，山东、华中野战军主力即自沭阳地区隐蔽北行。

1947年1月2日夜，天降大雪，汽车、坦克一片皆白。整编第26师师长马励武还在峄县度假，我左、右集团对其师部发起突然攻击，迅速完成了战役合围。3日晚展开全面进攻，真是天公作美，敌军汽车、坦克等机械化部队在漫天飞雪中反倒成了累赘。华东野战军采取分割包围战术，迅速歼灭了整编第26师师部及第44旅全部和第169旅大部，并将号称“国军精华”的第1快速纵队包围于陈家桥一带狭小地区。4日下午，第1快速纵队除7辆坦克乘隙逃至峄城外，悉数被歼。随后，山东、华中野战军主力又向峄枣方向扩大战果，至11日晨，全歼峄城守敌，生俘敌整编26师师长马励武。至20日，全歼枣庄及齐村守军，生俘敌整编第51师师长周毓英。

鲁南战役前后持续近20天，歼灭国民党军2个整编师、1个快速纵队，共5.3万余人，缴获坦克24辆、汽车470余辆及各种火炮200余门，这些火炮在日后的孟良崮战役中派上了大用场。山东野战军司令员兼政委陈毅收到电报后大喜，赋诗一首："快速部队走如飞，印缅归来自鼓吹。鲁南泥泞行不得，坦克都成废铁堆。快速部队今已矣，二十六师汝何为？徐州薛岳掩面哭，南京蒋贼应泪垂。"

V 鲁南战役中，被我军歼灭的敌第1快速纵队的汽车正在熊熊燃烧。

∧ 华东军区司令员、华东野战军司令员兼政委陈毅与华东野战军的领导合影。左起：叶飞、丁秋生、韦国清、邓子恢、陈毅、唐亮、粟裕、陈士榘、谭震林。

鲁南战役过后正值农历新年，陈毅在临沂河东前河湾村山东野战军司令部发表热情洋溢的讲话庆祝新年，周围乡亲纷纷前来观看文艺演出，四周一片欢腾。

经过宿北、鲁南战役，山东野战军和华中野战军的合并也便顺理成章水到渠成，两军领导和战士都充分认识到合兵一处、集中指挥对于打大规模歼灭战太重要了。

1月下旬，根据中央军委和毛泽东主席的指示，华东两大野战军进行了整编，成立

向　明

山东临朐人。1931年加入中国共产党。曾任中共济南市委书记，山东省委组织部部长，豫鄂边区委书记，豫皖区委副书记，盐阜地委书记，新四军第3师旅政治委员，中共鲁中区委、胶东区委书记等职。

华东军区，并在中共中央华东局和华东军区下建立华东野战军，下辖11个步兵纵队和1个特种兵纵队。其中：

原山东野战军1纵改称为华东野战军第1纵队，叶飞任司令员兼政委，下辖第1、第2、第3师和独立师，独立师为粟裕非常欣赏的华中野战军第13旅（皮定钧旅）。

原山东野战军2纵及原华中野战军9纵主力合编为华东野战军第2纵队，韦国清任司令员兼政委，下辖第4、第5、第6师。

原山东野战军第8师及鲁南、滨海军区之主力师（旅）编为华东野战军第3纵队，司令员何以祥，政委丁秋生，下辖第7、第8、第9师。

原华中野战军第6师改称为华东野战军第6纵队，司令员王必成，政委江渭清，下辖第16、第17、第18师。

原山东野战军第7师1个旅及原淮南军区第5旅合编为华东野战军第7纵队，成钧任司令员，政委赵启民，下辖第19、第20、第21师。

以鲁中军区的主力师（旅）编为华东野战军第8纵队，司令员王建安，政委向明，下辖第22、第23、第24师。

以胶东军区的主力师（旅）编为华东野战军第9纵队，许世友任司令员，政委林浩，下辖第25、第26、第27师。

以渤海军区的主力师编为华东野战军第10纵队，司令员宋时轮，政委景晓村，下辖第28、第29师。

特种兵纵队由陈锐霆任司令员，政委张藩，下辖榴弹炮团、野炮团、骑兵团、工兵团，战车营及汽车大队。

此外，将原华中野战军第7纵队改为华东野战军第11纵队，兼苏中军区，辖第31、第32旅和3个军分区，管文蔚任司令员，吉洛任政委；将原华中野战军第10纵队改编为华东野战军第12纵队，兼苏北军区，辖第34、第35旅和3个军分区，陈庆先任司令员，曹荻秋任政委。

整编后，华东野战军约有27.5万余人（不含11、12纵）。华东战区总兵力达57.5万人，比战争开始时增加了近20万人，野战军由初期的13万人发展到27.5万人，为战争爆发时山东、华中两野战军总兵力的两倍多，已经超过国民党军华东战场上用于机动作战的兵力，实现了华东军力对比的重大转折。

3. 李仙洲莱芜被擒

鲁南战役的失败令蒋介石对薛岳彻底失去了信心，决定让陈诚亲自掌兵，坐镇徐州，帮助薛岳重整旗鼓。

1947年1月17日，陈诚飞抵徐州，为国民党军官兵鼓劲打气。2月2日，蒋介石也飞抵徐州，亲自对各级将士训话，终于使部下们稍稍振作起来。

陈诚和薛岳绞尽脑汁，制定出一个大胆的“鲁南会战”计划，其部署是：整编第19军军长欧震指挥8个整编师20个旅组成主要突击集团，自台儿庄至城头分三路进犯临沂，左路为胡琏指挥的7个旅，中路为李天霞指挥的7个旅，右路为黄百韬指挥的6个旅。同时，以第二“绥靖”区副司令李仙洲指挥第12、第46、第73军等9个师为辅，由胶济路南下，直捣莱芜、新泰和蒙阴，形成南北夹击之势。

陈诚向蒋介石夸下海口：“鲁南会战，关系重大，党国前途，剿匪成败，全赖于此，只许成功，不许失败。”

后来陈毅闻听此话，撇嘴一乐，在1纵的干部大会上说："陈诚很狂嘛，那我们就来个'二陈决战'，看看哪个的脑壳更硬一些！"

国民党31万大军重兵压境，吓坏了一年前起义投诚的郝鹏举。此人赶紧率华中民主联军再次投向国民党，并将华野高级将领朱克靖送到南京请赏。蒋介石任命郝鹏举为第42集团军总司令及鲁南"绥靖"区司令官，率部1万多人，分驻白塔埠、驼峰镇一带。

面对强敌，陈粟最初采取诱敌深入的战法，想诱敌三路中的一路冒进，聚而歼之，但敌人异常谨慎，采取"硬核桃夹烂葡萄"的战法，"集中兵力，稳扎稳打，齐头并进，

朱克靖

湖南醴陵人。土地革命战争时期，任南昌起义军第9军党代表。抗日战争时期，任新四军政治部顾问兼直属战地服务团团长，新四军联络部部长，苏北参议会副议长，苏中3分区行政专员公署专员，苏浙行政公署主任等职。解放战争时期，任新四军兼山东军区秘书长、联络部部长。1947年10月，因被郝鹏举部叛军出卖而在南京遇难。

▲ 在围歼国民党第42集团军郝鹏举部战斗中，俘虏的敌官兵一部

避免孤军突出"，陈粟始终捕捉不到合适的战机。

而北线的李仙洲集团没有吃过陈粟的亏，迅速地将部队推进到了莱芜、新泰一线。此时，毛泽东从延安发来了电报："敌愈深进愈好，我愈打得迟愈好；只要你们不求急效，并准备于必要时放弃临沂，则此次我必能胜利。"

毛泽东的战略意图很明确，那就是不计较一城一地的得失，以空间换取宝贵的时间。陈粟明白，必要时是可以放弃临沂的。

陈毅对粟裕说，既然南线的战机难以把握，何不试试将主力隐蔽北上，歼灭北线之敌，由此也便解了南北受夹之威胁。

粟裕经过周密推演，觉得陈毅的想法是可行的。2月5日，陈粟致电中央军委，上报了3个作战方案：

一、以2纵进击白塔埠、房山街郝鹏举部，诱右路敌东援或待中、左路敌北进，伺机歼其一路；二、如敌仍密集不分，则以一部监视敌军，主力集结临沂以北休整待机；三、敌如仍不北进，则调兵北上，寻歼李仙洲集团。

2月6日，2纵一夜奔袭数十里，强渡沭河，切断郝鹏举退路。其主力将郝鹏举的42集团军掐死在白塔埠、驼峰镇，并迅速攻占郝鹏举的司令部，将他活捉。陈毅见到出尔反尔的郝鹏举，怒起心头，骂道："教尔作人不作人，教尔不狗竟狗苟。而今俯首尔就擒，仍自教尔分人狗。"一声令下，结果了郝鹏举的性命。

郝鹏举被围，欧震并未像陈粟设想的那样派兵来救，而是更加谨慎地步步为营，缓慢推进。2月9日，毛泽东电告陈粟：

"解决郝鹏举部很好。但就全部战略方针来说，如你们方针是解决南面，则似乎打得早了一点，可能影响敌各部进得更谨慎。打了郝鹏举后你们应按兵不动（要有极大忍耐心），让敌各部放手北进，然后各个歼灭之。如你们方针是先解决北面，则打郝鹏举并无妨碍。你们须在两个方针之间有所抉择。"

2月11日，陈粟电告中央军委：

"我们决心集中叶飞、王必成、陶勇、成钧各纵队及王建安、许世友、宋时轮等部共53个团，拟首先全力解决73军及南北师庄12军之一个师，而后再转移兵力解决进占新泰之46师，及向胶济线进攻，以彻底解决北线问题。以陈士榘率指挥所留临沂附近，指挥韦（国清）纵及3纵（华南8师及鲁旅6个团）于临沂附近，必要时可再抽一部参加歼灭进占新泰之46师。"

陈士榘率领2、3纵在临沂南部大造声势，大挖防御工事、号房子、征粮草、架浮桥，做出一副华野主力要与敌人决战的样子，还派出一部攻打兖州。

陈诚以为"共军"要死守临沂，向蒋介石表功道："我军在苏北和鲁南与敌作战，歼敌甚众。敌军心涣散，粮弹缺乏，已无力与我主力部队作战，陈毅已劝其主力放弃，向北逃窜，有过黄河避战的企图；务须增强黄河防务，勿使其过黄河以北，以便在黄河以南的地区歼灭之。”蒋介石闻讯大喜，急令陈诚制定歼灭“共军”的计划，让王耀武速速执行。

狡猾的王耀武却知道，自1946年以来，国民党军还从来没有成建制地消灭过“共军”。他从航空侦察中看出大批“共军”在北移，十分担心北线李仙洲集团的安全，急令李仙洲全线后缩。

华野将士一看李仙洲要跑，神经为之一紧，有些沉不住气的指挥员赶紧向陈毅请战，好大一块肥肉，岂能眼睁睁在嘴边溜走！陈粟经过缜密分析认为，敌人并没有发现华野的真实意图，眼前的动作不过是在捕风捉影而已，越是这样越不能草率行事，各部队应当继续按照原定计划集结，大鱼迟早会落到网中来的。

果然，陈诚收到欧震和王耀武的汇报，认为陈粟是因胆怯而避战，此时应及时把“共军”引回来。他电令王耀武，马上进驻新泰、莱芜。蒋介石随后又以更急切的口吻给王耀武发电，“匪军在苏北、鲁南作战经年，损失惨重，士气低落，现已无力与我主力部队作战，并有窜过胶济路、北渡黄河避战的企图。为了吸引住敌人，将其在黄河南岸一举歼灭，务希遵照指示派部队进驻新泰、莱芜。新、莱两城各有一军之兵力，敌人无力攻下，敌如来攻，正适合我们的希望。”

∨ 我军某部向莱芜前线挺进。

＜被我军俘虏的国民党徐州“绥靖”公署第二“绥靖”区副司令官李仙洲。

王耀武心中暗暗叫苦，却又不敢抗命，加之“共军”近日并无异动，便向各部下达命令：令12军军长霍守义率111师、112师进驻莱芜，以新编26师进驻莱芜以北的吐丝口镇维护交通。令整编46师师长韩练成在博山集中而后向新泰县城进发。令李仙洲组成前方指挥所，指挥12军、73军和整编46师南进。

12军军长霍守义老谋深算，一心一意保存实力，不愿冒半点风险，抵达莱芜以北的孝义集后，经过反复观察，发现莱芜已是一座空城，才大摇大摆地进了城，赶紧向王耀武邀功。

李仙洲对霍守义的磨磨蹭蹭大为不满，极力撺掇王耀武，将博山韩浚的73军与霍守义对调，将新36师留在吐丝口。

就在国民党军来回对调之际，华野各纵悄悄对其实施战役合围。2月19日，华野各部逼近莱芜、颜庄地区。王耀武猝然明白华野的主力已来到身边，为避免被分而歼之，急令46军火速撤回莱芜，77师赶紧归建，合力固守莱芜。

粟裕下令，1纵进攻莱芜李仙洲总部和73军，4纵进攻颜庄的46军，6纵进攻吐丝口镇的新36师，8纵主力和9纵一部在博山以南的和庄伏击77师，10纵攻占锦阳关，断敌后路。

2月20日，华野8纵和9纵将77师围在和庄，连续爆破、不断蚕食敌军阵地。李仙洲急令韩浚派一个团增援，但韩浚以为77师能坚持到天亮，但到了21日拂晓，77师已被击溃，师长田君健被击毙。

当日黄昏，1纵猛攻莱芜城西小曹村，与敌73军193师“杀了个七进八出”。同时，6纵在夜间向吐丝口镇之敌发起猛烈进攻，至21日，控制了吐丝口镇2/3的街区。

2月22日，敌46军由新泰缩回莱芜，小小的莱芜城面积还没有吐丝口镇大，王耀武决心让李仙洲北撤，以为既可强固济南，也可解吐丝口镇之围。李仙洲则认为撤退不利，应当坚守，以与临沂方面形成夹击之势。但其部下均主张撤退，理由是如果不撤，失败了担不起责任，即便打胜，违抗命令也没有功。李仙洲沉吟再三，决定撤退。

2月23日，莱芜守敌开始北撤，华野部队则从两个侧翼排山倒海般追击。蒋介石严令空军副总司令王叔铭用战斗机和轰炸机为李仙洲开路，但华野官兵不为所动，一边用高射机枪进行还击，一面义无反顾地冲向敌军。46军军长韩练成乘乱投诚，李仙洲受伤后被活捉。战至下午5时，敌军6万余人被歼。吐丝口36师师长曹振锋逃到济南。

莱芜战役，华野以临沂一座空城，换取歼敌1个“绥靖”区指挥部、2个军部、7个师的重大胜利。此役俘敌数量之多、歼敌速度之快，创造了解放战争开始以来的最高纪录。王耀武致信整编第83师师长李天霞称：“莱芜战役，损失惨重，百年教训，刻骨铭心。”

4. 东压北挤紧相逼

1947年的春天，蒋介石的心情却是阴雨连绵。自去年6月底撕毁停战协定以来，虽然侵占了一百多座空城，却付出了71万军队被歼的代价。随着战线越拉越长，兵力越来越显得捉襟见肘。蒋介石渐感力不从心，战场的主动权越来越向共产党方面倾斜。

2月26日，蒋介石在南京召开军事将领会议，宣称：“半年多来战况的进展告诉我们，虽然占领了大量的地方，但是兵力也越来越分散，敌人反倒可以灵活地集中优势兵力，把我们各个击破。为此，我们要改变战略方针，由对共军的全面进攻改为重点进攻。我决定采取‘空心战术’，在后方只留3个正规军，而将大部分主力调往前线，重点进攻陕北和山东。”

蒋介石加重语气道：“关于山东地区，陈毅和粟裕组织民众的技术、训练军队的能力和作战的灵活性你们是有目共睹的。此番作战，大家一定要精诚团结，切不能再像过去那样各自为战，不听指挥。如果再像过去那样打，估计要不了两三个月，你们就会死无葬身之地！”

蒋介石此番说了狠话，一方面是手下实在太不争气，不用力敲打不行。一方面，他确实体会到了全国战局中的危机感是越来越强了。现在的国民党军，就像一头垂死的要作最后一击的怒狮，急于扑向对方咬一口，解决问题，但对手就是不给它这种一劳永逸的机会，而自身的体能又在不断地迅速地被消耗着。

根据蒋介石的战略方针，在山东战场，国民党军要占领各个重要交通点，步步为营，稳扎稳打，以交叉碾压的方式将解放军一步步挤入死角，而后迫其与己决战。具体部署是：

一、先占领津浦线的大汶口和泰安，与鲁中临沂连成一线，使华野无法窜到津浦线以西。

二、在胶济线以南、津浦线以东地区，用三股精锐之师围攻华野。

在指挥体制上，蒋介石撤销了徐州、郑州两个“绥靖”公署，成立徐州司令部，由陆军总司令顾祝同主持，并将在冀鲁豫战场的王敬久和武汉的整编第9师调往山东。国民党军在山东的机动兵团的兵力，加上担任守备任务的以王耀武为司令官的第二绥区、以冯治安为司令官的第三绥区的兵力，共有24个整编师（军）60个旅（师）45万人，占其进攻全国各解放区总兵力的27%，占其重点进攻兵力的67%。

> 时任国民党军陆军总司令的顾祝同。

国民党第2兵团司令王敬久

江苏丰县人。国民党陆军中将。黄埔军校第一期毕业。曾任国民革命军第4旅旅长，第87师师长，第十二“绥靖”区司令官等职。抗日战争时期，任第71军军长兼87师师长，第37军团军团长兼第25军军长，第10集团军总司令等职。抗日战争胜利后，任重庆卫戍副总司令，第32集团军总司令，第2兵团司令官，陆军总司令部第一训练处处长，第一编练司令部司令官等职。1949年后去台湾。

在作战方针上，解放战争之初，国民党军多采取长驱直入、分进合击、乘虚进袭等战法。鉴于屡遭我军各个歼灭的惨痛教训，鲁南战役后，国民党军统帅部提出了“集中兵力，稳扎稳打，齐头并进，避免突出”的方针。在莱芜战役后，国民党军又吸收了在莱芜南北夹击，导致北线被歼灭的教训，进而提出了“密集靠拢、加强维系、稳扎稳打、逐步推进”的方针，以加大兵力密度、集团滚进的方式，形成兵力的梯次部署，以半月形的弧线逐次推进，使解放军无法分割和各个击破，陷华野于战略、战役布势上的不利地位。

在具体的进攻部署上：除以7个整编师约20万人担任重要点线的守备和对突击兵团的策应外，集中17个整编师约25.5万人，以国民党军“五大主力”中的整编第74师、整编第11师、第5军为骨干，组成3个机动兵团，由汤恩伯、王敬久、欧震分别担任第1、第2、第3兵团司令官，执行机动突击任务，在打通津浦路徐济段和兖州至临沂的公路、占领鲁西南以后，同时向沂蒙山区进攻。第1兵团由临沂向北，第3兵团由泗水向东北，第2兵团由泰安向东，对华野主力形成弧形包围。

黑云压城，沂蒙地区一时血火燃烧。

❶ 我军医护人员正在抢运伤员。

② 

③ 

④ 

⑤ 

❷ 我军某部占领有利地形，阻击逃敌。
❸ 我军某部正向敌阵地运动。
❹ 我军爆破小组在火力掩护下冲向敌堡。
❺ 战士们发起冲锋与敌激战。

[亲历者的回忆]

粟　裕

(时任华东野战军副司令员)

有一位同志问我，宿北战役和鲁南战役为什么不那么出名？

我的回答是：那是被其他更大的战役挡着了，其实这两仗是很重要的，打得很出色的。

华中野战军主力北上与山东野战军会师苏北，初期作战告一段落，战场由前部转入纵深，这可以说是华东战区第一个转折的开端。

宿北战役上胜利实现这一转折的标志，鲁南战役是宿北战役的继续。

从宿北战役开始到鲁南战役结束，经过1个月零5天，我们胜利地实现了我军的战略意图，以后进行的莱芜等战役则是它们的发展。

——摘自：《粟裕战争回忆录》

★★★★★

陈士榘

(时任华东野战军指挥部参谋长)

宿北战役结束后，我代表华东野战军指挥部向新华社华东分社社长康予召发表了一个谈话，以后登在1946年12月23日《大众日报》上。

我在谈话中指出："蒋介石为挽救其政治上的失败，全力以新的行动进攻苏北、山东，并想在'国大'闭幕前完成他的军事冒险计划，借以吓唬民主人士，给其代表们一个好的印象。

但是，'国大'闭幕前夜，正是蒋军被歼灭之时，蒋介石在头痛牙颤地致'国大'闭幕词的时候，不知如何想法。"

事实上，宿北战役的胜利，恰恰给了正在召开伪"国大"的蒋介石当头一棒……

——摘自：陈士榘《宿北战役》

第二章

重兵压境

∧ 1946 年，时任华中野战军司令员的粟裕在中高级干部会议上作报告。

蒋介石把嫡系主力作为“硬核桃”放在各部兵力中间，把杂牌军和次等部队作为“烂葡萄”摆在两翼。如果华东野战军插到中间打嫡系的“硬核桃”，不仅三个“硬核桃”能共同发力，外面的“烂葡萄”也能迅速贴上，形成包围。华野若先打两翼的“烂葡萄”，嫡系主力可能会“丢车保帅”或“以此为饵”，等华野和杂牌军打得筋疲力尽时，则坐收渔翁之利。

1. 休整即是胜利

身在陕北的中共中央军委和毛泽东，一直密切关注着几千里外山东战局的发展变化。毛泽东和周恩来等经过认真分析，一致感到蒋介石在山东战场的动机十分明显，无非是两步棋：第一步，先打通津浦铁路徐州至济南段和兖州至临沂公路，全部占领鲁南解放区；第二步，按照“密集靠拢、齐头并进、避免突出”的作战方针，将其主力推进到泰安、莱芜、新泰、蒙阴、沂水一线，迫使华东野战军在鲁中地区与之决战，或压迫华东野战军北渡黄河，以实现其占领整个山东的目的。

针对蒋介石的这一企图，中共中央、中央军委及时作出重要指示，对华东野战军的作战方针和任务进行了明确部署。

1947年3月6日，毛泽东电示陈毅、粟裕、谭震林等：

“考虑行动应以便利歼敌为标准。不论什么地方，只要能大量歼敌，即是对于敌人之威胁与对于友军之配合，不必顾虑距离之远近。转入外线之时间现亦不必顾虑。”

同时，中共中央、中央军委还针对华东野战军提出的“提早转入外线”之计划进行了答复。明确指示：

“大约本年全部时间均可用于内线作战。”集结于津浦铁路沿线兖州、邹县、滕县地区之国民党第7军及整编第11、第64、第20师等部北进时不要阻止，让其进至泰安一线，于我最为有利。

3月10日，中共中央、中央军委又电示华东野战军：应利用当前有利时机，“彻底休整一个月，以利尔后作战”。并要求华东野战军在今后10个月内歼敌40至50个旅，以粉碎敌军之重点进攻，并为解放军转入战略进攻创造条件。

根据中央指示，华东野战军决定3月份各部进至胶济线两侧休整。

3月8日，华东野战军在淄川以东的大矿地召开纵队及师以上领导干部会议。会议

> 我军在整训期间，战士们练习投弹。

传达中央军委和华东局的指示，总结近几次战役的经验，讨论了如何贯彻中央“一面打仗，一面建设”的方针。陈毅在会上强调说：“当前的局势非常困难，敌人在陕北和山东两个战场展开了重点进攻，我们正处于一个最困难的时期。毛泽东主席指出‘目前各方面情况显示，中国时局将要发展到一个新的阶段。这个新的阶段，即是全国范围的反帝反封建斗争发展到新的人民大革命的阶段。现在是它的前夜。’根据毛主席的判断，为了黎明的到来，为了全局的胜利，即使华东野战军全部牺牲，我们也会再建一个新的野战军去参加全国大反攻！”与会的华野高级干部深入学习了中共中央、中央军委的指示及有关文件，明确了当前的战争对中国新民主主义革命的重要影响，使华东野战军指战员的思想更加统一，增强了对战争的长期性和艰苦性的认识，增强了责任感和使命感，增强了全局观念和必胜信心。

会后，华东野战军在胶济路一线进行了为期一个月的整训。主要开展了以下几项活动：

一是进行形势教育，加强思想建设。各部传达了大矿地会议精神，抓紧部队的思想政治教育，鼓舞官兵的战斗情绪和必胜信念；进一步增强全局观念，克服本位主义；反对右倾消极情绪，克服个人主义；加强群众观念，克服军阀残余思想；提高谦虚精神，反对骄傲情绪和轻敌思想。

二是积极开展战术技术训练，提高战斗力。认真总结了各部队在历次战役、战斗中的组织指挥及突击、爆破、火力三结合等方面的具体经验。在此基础上，开展了全野战军性的学习战术、技术热潮。各纵、各师、各团间相互参观学习，交流作战经验。干部以研究战术为中心，战士以射击、爆破、投弹、土工作业为中心，勤学苦练，收到了显著效果。

三是认真进行组织建设。根据中央指示，华东野战军决定在团以上单位建设党委，实行集体领导。要求各级干部自觉服从政治委员的领导，尊重政治机关。凡军队的重大行动、作战行动方案、大政方针，都应经党委会讨论后作出决定，再交各部门执行。

四是动员和组织各项支前活动，筹集大量粮草、弹药和其他军需物资，为下一步的战斗提供物质保障。各军还对地方武装和民兵进行了扩充和整顿，加强了军工生产单位、医院和兵站建设。

通过一个月的整训，华东野战军官兵的全局观念和必胜信心极大增强，部队的战术、技术水平有了明显提高，军政军民团结更加巩固，在思想上、组织上、军事上、后勤上为迎击国民党军的重点进攻作好了充足的准备。正如毛泽东电示华东野战军强调的，“要利用敌人大举进攻前夜全军休整，多一天好一天。休整即是胜利”。

2.“天下第一师”

1947年3月下旬，国民党军在蒋介石及其统帅部的督导下，按照预定的部署，对山东解放区正式发起重点进攻。到4月中旬，就打通了津浦铁路徐州至济南段和兖州至临沂公路，并占领鲁西南地区，完成了其重点进攻的第一步作战计划。

随后，国民党军山东战场的3大兵团开始分头推进。汤恩伯兵团主力6个师，从临沂向蒙阴、沂水方向进攻；王敬久兵团在占领泰安后向莱芜方向进攻；欧震兵团从泗水方向向新泰进攻。3个兵团各自为营，稳步向鲁中山区推进，对华东野战军构成向心攻击、弧形包围的态势。

华东野战军虽然把国民党军摆开的这一阵势戏称为“硬核桃”加“烂葡萄”，但也让人非常头疼。蒋介石把嫡系主力作为“硬核桃”放在各部兵力中间，把杂牌军和次等部队作为“烂葡萄”摆在两翼。如此这般部署，如果华东野战军插到中间打嫡系的“硬核桃”，不仅三个“硬核桃”能共同发力、相互策应、碾向中心，外面的“烂葡萄”也能迅速贴上，形成包围；华野若先打两翼的“烂葡萄”，嫡系主力可能会“丢车保帅”或“以此为饵”，等华野和杂牌军打得筋疲力尽时，几个“硬核桃”突然冲上，横路杀来，坐收渔翁之利。另外，国民党军在徐州、济南及鲁西南地区，还有7个整编师（军）17个旅约20万人，担任地方守备及策应。

尤为让蒋介石感到放心，让华东野战军感到担心的，还是国民党军的三个“硬核桃”个个都是难啃的“硬骨头”。

敌第1兵团的整编第74师，于1937年“七七事变”后在武汉组建，初组建时为第74军。首任军长俞济时，出生于浙江奉化，是蒋介石的正宗同乡，又是黄埔一期毕业生。凭着这两条得天独厚的优越条件，加上他为人机警、精明干练，一直深受蒋介石的青睐和宠信。从1925年国民军东征时起，蒋介石就一直把他带在身边担任贴身侍卫。在短短几年中，俞济时就从侍卫大队的排长跃升为警卫第1师师长，并一度担任南京警备司令。其晋升速度之快，令人叹为观止。1937年便被任命为第74军首任军长。

第74军下辖第58师和第51师。其中58师是俞济时1935年在湖北宜昌整编组建的。在国民党陆军全国整编期间，第58师被列为调整师，进行了重点整编和重新装备。经过整编，第58师下辖2个旅、4个团，并配属炮兵、工兵、辎重兵各1个营，全师总人数达10,923人。在武器装备方面，第58师也配备得十分齐全。当时就有重机枪54挺，轻机枪274挺，掷弹筒243个，山炮、野炮、榴弹炮16门，迫击炮、平射炮30门。在当时全国202个步兵师中，像58师这种装备精良、兵员充足的调整师可以说是屈指可数。

第51师当时驻守在陕西南郑、洋县、西乡一带。在国民党军的历史上，51师也

> 时任黄埔军校总教官的钱大钧。

国民党西南军政长官公署副长官钱大钧

江苏吴县人。国民党陆军中将加上将衔。保定陆军军官学校、日本士官学校毕业。曾任黄埔军校总教官。1926年任国民革命军第1师师长，1932年任第13军军长、南昌行营主任。1933年任保定行营主任。抗日战争爆发后，任全国航空委员会主任，军政部政务次长，军事委员会委员长侍从室第一处主任，上海市市长兼淞沪警备总司令。1949年任重庆“绥靖”公署副主任，西南军政长官公署副长官。1950年去台湾。

是一支能征善战的部队。师长王耀武，1904年出生于山东泰安上王庄一个普通的农民家庭，自幼只上过几年私塾，19岁就先后到天津一家烟草公司和上海马玉山糖果公司当工人和店员，堪称是地道的“工农子弟”。艰苦清贫的生活，培养了他吃苦耐劳的品质和顽强的意志。1924年11月，王耀武南下广州，考入了黄埔军校第三期。1926年1月，军校毕业后被分配到国民革命军第1师第3团第4连任少尉排长。由于他作战勇猛，带兵有方，引起了师长何应钦、团长钱大钧的注意，不久，就晋升为上尉连长。1930年3月，王耀武晋升为第1军独立第2团中校团副。在蒋、冯、阎中原大战中屡建战功，同年9月，担任独立第32旅第1团上校团长。1932年6月，

∧ 1938 年 10 月，在万家岭战役中，中国军队机枪手予敌以重创。

蒋介石向中央苏区发动第四次“围剿”。王耀武在与中国工农红军的内战中“战功”卓著，引起了蒋介石的注意，1936 年 8 月，被晋升为第 51 师师长。

第74军创建于危难之际，淞沪抗战的序幕已经拉开。74军尚未来得及举行建军典礼，第 58 师就由汉口乘船奔赴上海；第 51 师在陕西尚未归建，便直接开赴淞沪抗日战场。第74军在上海会师后，这支刚刚组建的年轻部队，与占绝对优势的日军血战85个昼夜，始终未让日军占到任何便宜，使日军受到重创，日军联队长竹田和炮兵联队长英森丧命。上海的《申报》、《大公报》做了生动报道。74军这一仗成为74军建军的奠基礼，也打出了自己的威名，奠定了它成为王牌军的基础。

第74军在抗日战场上，独挡一面，打得日寇闻风丧胆，是国民党建制军中战功最多的抗日“王牌军”。国民党军的战史上，这样记载着74军的抗战功绩：

1938年10月，在江西德安万家岭战役中，第74军把日军第106师团打得血流成河，尸横遍野，日军称主战场——张古山为“血岭”。此战后，《义勇军进行曲》的作者田汉专门作词，著名作曲家、《渔光曲》的作者任光作曲，创作了74军军歌：“起来，弟兄们，是时候了，我们向日本强盗反攻。他，强占我们国土，残杀妇女儿童。我们保卫过京沪，大战过开封。南浔线，显精忠，张古山，血染红。我们是人民的武力，抗日的先锋！”

> 抗战时期，罗卓英曾任国民党第19集团军总司令。

国民党第19集团军总司令罗卓英

广东大埔人。国民党陆军上将。保定陆军军官学校第八期毕业。曾任国民党军第11师师长，第18军军长。抗日战争爆发后，任第15集团军总司令官，第19集团军总司令，武汉卫戍总司令，第九战区副司令长官兼19集团军总司令，中国远征军第一路司令长官，军令部次长，青年军训练总监，广东省政府主席。抗战胜利后，任东北行辕副主任、东南军政副长官等职。

1939年，第74军收编了以施中诚为师长的第57师。同年4月，在赣北重镇高安，74军以2,000余人的伤亡代价，全歼日军第106师团147联队。战后，俞济时、余程万、王耀武等将领受到了国民政府军委会的嘉奖。不久，俞济时升任第10集团军副总司令兼第86军军长。

俞济时离任后，蒋介石在重庆召见了王耀武，对他任第51师师长期间的战绩大加赞许，并任命他为第74军第二任军长。

随后，王耀武带领第74军参加了1941年3月的上高会战，苦战25天，先守后攻，共歼灭日军15,000余人，俘虏日军100余人，击落日军飞机1架，缴获山炮、迫击炮10门，步枪千余枝。74军在这场恶战中也伤亡了7,000余人。国民党军政部长何应钦接到上高会战捷报后，拍案叫绝，称此战为“抗战以来最精彩之战”。第19集团军总司令、此次战役指挥官罗卓英则称赞74军为“抗日铁军”。战后，74军被授予国民党军中最高奖品——飞虎旗。57师被命名为“虎贲”师。王耀武、施中诚、余程万、张灵甫等将领受到了奖励。王耀武被授予军队最高勋章，张灵甫在这年冬天则被提升为第58师师长。

1943年12月在湖南常德保卫战中，74军57师以8,300余人的兵力，孤军奋战、坚守孤城，同火力、兵力占绝对优势的5万日军苦战16个昼夜，全师仅存321人。他

V 1943年开罗会议期间，蒋介石夫妇与美国总统罗斯福（左二）、英国首相丘吉尔合影。

们顶住了日军的空袭、炮轰、毒攻、火攻，击毙日军1万余人，创造了抗战史上的一大奇迹，被国外誉为“第二个斯大林格勒”保卫战。日军费了九牛二虎之力占领了常德，却没能呆上几天。在日军占领常德的第3天即12月6日，余程万率领57师残余的80余人，引导鲁道源的第58军攻入常德城内，收复了常德。日军仓皇撤退，第58、第72、第44军跟踪追击，穷追猛打，一直追到了百里之外的澧水河畔，双方才转为隔江对峙。常德仅仅只沦陷了6天就被光复，这又是一个难以令人置信的奇迹！当时正值美、中、英开罗首脑会议期间，罗斯福总统听蒋介石介绍战况后，还专门把余师

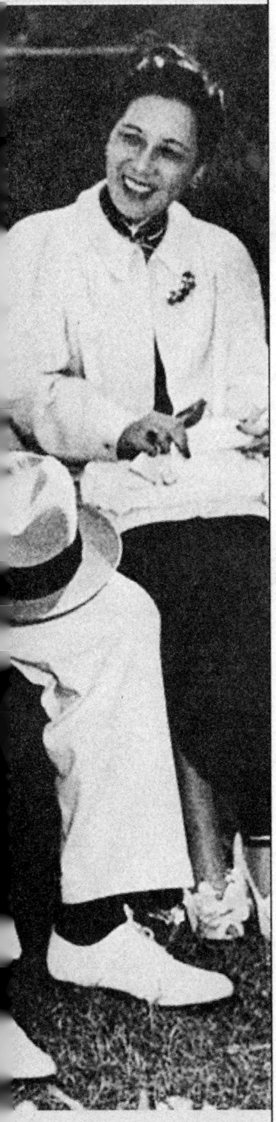

长的名字记在备忘录上。

1945年4月，74军与日军进行了最后一战——湘西龙潭之战。据战后统计，74军此次共有3个师2.8万余人参战，共歼灭日军1.25万人，自身伤亡5,200余人。战斗中，中士班长李名胜在身中两弹的情况下，仍击毙了数名日军、缴枪4支，并生俘了两名日军少尉，英勇可嘉。战后，美国将军麦克鲁同他握手照相后，并将一枚金光灿灿的美国自由勋章授予他。国民党军委会授予74军57师武功状两轴、荣誉旗一面，以表彰其龙潭之战的胜利。

抗日战争，把74军磨练成名副其实的“王牌军”。

抗战胜利后，蒋介石把第74军空运到南京受降，并担任南京守备，驻扎孝陵卫，卫戍首都，拱卫京师，成为名副其实的“御林军”。

国民党整军会议后，第74军改编为整编第74师，但仍保留1个军的编制。全师共有3万余人，下设3个旅：第51旅，陈传钧任旅长；第57旅，陈嘘云任旅长；第58旅，卢醒任旅长。74军整编后比以前显得更为精干、剽悍，并受到美国军事顾问团的特种训练。全军统一更换了清一色的美式装备，计有12门105毫米榴弹炮（卡车牵引）、36门75毫米山炮（吉普车牵引）、108门105毫米迫击炮（骡马牵引）、108门81毫米迫击炮（骡马牵引）、108门37毫米战防炮（吉普车牵引）、486门60毫米迫击炮、255具火焰喷射器、324具M1“巴祖卡”火箭筒、324挺7.62毫米勃郎宁M1917水冷式重机枪、1,080挺7.62毫米1918A2轻机枪、2,400支9毫米美制M1汤姆森冲锋枪和加拿大斯太令卡宾枪、4,800枝7.62毫米M1903A1春田步枪，军官配9毫米勃郎宁M1911A1手枪。无线电报话机配备到连，共有机动车约300辆、骡马1,000匹。

这样一个“王牌师”,他的师长也是国民党军中的一名“骁将”——张灵甫。

张灵甫，原名张钟灵，字灵甫，1903年生，陕西长安县人。青年张钟灵喜欢书法，每逢节假日都到文庙临摹碑帖，他的字很快就名振全校，学校还专门为他举办过书法展。1922年，国民党元老于右任回西安出任靖国军总司令、讨贼军西北第一路总司令，他的书法名振天下，听说了张钟灵的事情后，专门让人把他找来。年轻的张钟灵当场挥毫，连写5个条幅。于右任惊叹：“奇才！奇才！后生可畏！”1926年，一心向往革命的张钟灵只身来广州，考取了黄埔军校，成为第四期学生，与后来中国大地上的风云人物林彪、刘志丹、袁国平、李弥、胡琏等人同期。

在北伐战争期间，张钟灵在国民革命军第1军第1师第1团任排长。当时，他所在的部队在江西德安与孙传芳的精锐主力卢香亭部相遇，面对敌强己弱的情况，张钟灵向营长提出了黑夜偷袭的建议，被营长采纳。他率全排作为全营的先锋，一马当先，夜袭敌营，结果大获全胜。在混战中，他的右腿中弹负伤，却一声不吭地坚持战斗。在中原大战中，他率部参加进攻唐生智的战斗，右臂中弹负伤，战后被提升为营长。1934年，张钟灵参加对鄂豫皖苏区的"围剿"，率部追击长征的红四方面军，与红军多次展开肉搏战、白刃战，给红军造成了一些损失，因而受到第1师师长胡宗南的赏识，不久即晋升为独立旅第1团团长。

张钟灵为人多疑，由于怀疑妻子与人有染，竟开枪打死了贤惠的妻子，酿成轰动一时的"团长古城杀妻"案，激起社会各界的公愤。宋美龄和张学良的夫人于凤至，告到了蒋介石那里，张钟灵锒铛入狱，被关在了南京"模范监狱"。七七事变后，国民政府下令所有服刑官兵除政治犯外一律调服军役，戴罪立功，并保留原军衔。当时的51师师长王耀武立即在蒋介石面前力保，将张钟灵要回第51师，出任51师153旅305团团长。蒋介石说要"好好教育，重新做人。"张钟灵自此更名为张灵甫。

1937年，张灵甫率部参加淞沪会战，与日军在罗店、施相公庙一带血战月余，多次重创日军。在1937年12月的南京保卫战中，张灵甫团奉命坚守上方镇东北屯一线，与日军激战2昼夜。他本人左臂负重伤，仍坚持战斗，不肯退阵。

> 时任新四军政治部主任的袁国平。

袁国平

湖南宝庆（今属邵东县）人。黄埔军校四期毕业。土地革命战争时期，任中共湘鄂赣特委委员、宣传部部长，中国工农红军第5军政治部主任，红3军政治部主任，红军陕甘支队第1纵队政治部保卫局局长，西北红军大学政治委员，红军大学第二分校政治委员等职。抗日战争时期，任中共陇东特委书记兼八路军驻陇东办事处主任，新四军政治部主任兼新四军教导总队政治委员等职。1941年1月，在皖南事变突围战斗中牺牲。

1938年9月，在万家岭之战战前研讨时，张灵甫提议，仿三国中邓艾暗渡阴平、飞越摩天岭、奇袭之计，派一精兵从日军背后偷袭，以收两面夹攻之效。张灵甫亲率一支精锐的敢死队，从张古山背面的悬崖绝壁登上顶峰，奇袭日军，一举夺得了这个制高点并坚守5昼夜，打退日军数十次反扑，为万家岭大捷立下了大功。战后，张灵甫晋升为74军51师153旅旅长。1938年冬，国民党军委会政治部第三厅第六处处长、进步作家田汉在长沙以德安战役万家岭大捷为题材编写活报剧演出时，剧中就有张灵甫这一角色。张灵甫因此声名远扬，名噪一时。

1939年3月，在反攻南昌的高安战役中，张灵甫右膝中弹骨折，他却毫不在意，继续指挥作战，挥洒自如。此后，在1939年9月的第一次长沙会战、1941年3月的上高会战和1941年9月的第二次长沙会战中，张灵甫或运筹帷幄、出谋划策；或出生入死、冲锋陷阵，屡创佳绩，屡立战功。在上高会战中，他的腿再次被炸断。蒋介石派飞机把他送往香港，请英国外科专家为他治疗。手术后不久，张灵甫在报上看到战时军人不宜出国养病的新规定，毅然不顾医生劝阻，提前一个月出院归队，从此留下后遗症，走路有点跛，人称“跛腿将军”。

由于他骁勇善战，因而受到俞济时、王耀武的青睐，在短短3年中连升数级，先后任第51师步兵指挥官、第58师副师长、第58师师长、第74军副军长等职。在确定整编第74师师长人选时，俞济时、王耀武又大力推荐张灵甫，使他在与李天霞等人的竞争中脱颖而出，出任整编74师师长。

对这样一支由悍将指挥，装备精良，身经百战的部队，蒋介石一直将其奉为掌上明珠，指定其为国民党军“典型部队”。王耀武吹嘘说：“国民党军队只有74师能战，是我亲手培养出来的。”李延年则表示：“只要有10个74师，就可以统一全中国。”

总之，这是一支“王牌中的王牌”部队，号称“天下第一师”。

3. 全机械化军

第二个“硬核桃”是第2兵团的第5军。该军是国民党军名将杜聿明一手创建的，号称国民党军第一支机械化部队。

1936年3月，蒋介石接受杜聿明的老上司、第17军军长徐庭瑶考察欧美军队现代化装备后所提出的建议，在南京成立陆军交辎学校。1937年，交辎学校战车营扩编成第一个陆军装甲兵团，在徐庭瑶的大力推荐下，杜聿明出任团长。抗战爆发后，杜聿明率装甲兵团第1营的两个连参加了淞沪会战。

> 抗战时期，任国民党军第5军军长的杜聿明。

1938年，装甲兵团撤至湖南湘潭整训，后扩编为第200师。同年冬，该师又扩编为新编第11军。1939年1月，番号改为第5军，杜聿明任军长，下辖第200师（师长戴安澜）、荣誉1师（师长郑洞国）和新22师（师长邱清泉）。第5军是抗战初期国民政府惟一的机械化军。在杜聿明统率下，该军大规模开展训练，明确提出了"操场就是战场"等口号，并要求部队要有"五除"（骄、惰、伪、欲、恶），树立"三习"（精、诚、勤）。该军的训练被称为，"全国第一"，全军士气旺盛，号称新军，一时蜚声全国。

1939年，第5军参加桂南会战，并取得了举世闻名的"昆仑关大捷"。

桂南会战，是国民党军和日军围绕西南交通线展开的一次大规模会战。日军由号称"钢军"的第5师团率先登陆广西北海，第12旅团（旅团长中村正雄）于11月24日迅速攻占南宁，进而推进至高峰隘、昆仑关。南宁失守，切断了国民政府取得国际援助的重要通道，也直接威胁到西南大后方的安全。国民政府责成桂林行营收复南宁。桂南会战全面展开。

12 月 17 日，国民党军开始反攻南宁，因昆仑关在南宁以北，为前哨阵地，因而首先交战于此。是役国民党军出动第 16 集团军（辖 1 个军 4 个师）、第 37 集团军（辖 1 个军 2 个师）、第 35 集团军（辖 1 个军 3 个师）、第 26 集团军（辖 1 个军 2 个师）、第 38 集团军（辖 5 个军 13 个师），另有第 43、第 33 师和 4 个独立团，约

∧ 抗战时期，中国军队装备的美式坦克。

相当 27 个师，总兵力 25.4 万人。此外，还有 1 个工兵团、1 个通信兵团、1 个高射炮连、4 个炮兵营和 115 架飞机（重轰炸机 9 架、轻轰炸机 26 架、驱逐机 80 架）。

当时，担任主攻任务的就是中国惟一一支全机械化军——第 5 军。12 月 18 日拂晓，杜聿明指挥郑洞国的荣誉第 1 师在炮兵和战车掩护下向昆仑关发起攻击，迅速突破前沿，向日军主阵地推进，与日军在各据点展开激烈争夺。同时，杜聿明命令邱清泉的新 22 师向日军侧后迂回，攻占公路桥，切断了昆仑关日军的退路。敌军增调援军进行反击，皆被击败。日军第 5 师团第 12 旅团长中村正雄中弹毙命。中国东路军和西路军分别从东、西两面策应昆仑关方面的作

战，昆仑关的反攻形成强劲势头。12月29日，杜聿明指挥第5军以步、炮、坦克协同再对昆仑关猛烈攻击。荣誉第1师、新22师、戴安澜的第200师与前来增援的第66军一起投入战斗，困守昆仑关多日的日军精锐第5师团继续顽抗。12月31日，中国军队终于攻克昆仑关，将敌大部歼灭，取得“昆仑关大捷”。

由于日军据守八塘，昆仑关的纵深阵地不能突破。1940年1月24日，日本援军第18师团和近卫混成旅团到达，28日向国民党军反击。2月2日，一小股日本军沿昆仑关脚下的邕江袭占甘棠，第38集团军马上后撤，国民党军于2月4日结束了昆仑关战斗。2月22日，在柳州军事会议上，蒋介石一怒之下将总指挥白崇禧和中央督战大员陈诚给予降薪留职处分，将第38集团军总司令徐庭瑶上将以下8个将官撤职查办。桂南会战以国民党军的失败而告终，西南交通线失守，此后一段时间里，西方援助只能通过“驼峰航线”运到中国，极大的限制了西方对中国的支援。

但是，第5军取得的“昆仑关大捷”，是中国军队对日军攻坚作战的首次重大胜利，沉重打击了日军王牌第5师团，其第12旅团军官死亡达85%以上，士兵死亡4,000多人，极大地鼓舞了中国的民心和士气。国民党《中央日报》称，“我机械化部队开始歼敌，我军已迈入世界现代化军队行列。”

此役后郑洞国调升，带走了荣誉第1师，第5军由广西移驻云南，第96师（师长余韶）调归其建制。

1942年3月，根据中英两国政府签订的“中英共同防御滇缅路协议”及英方请求，国民政府令第5、第6、第66军组成中国远征军第一路军，开赴缅甸对日作战。3月上旬，第200师到达同古，接着便在此与日军发生第一次恶战，歼敌5,000余人，在中国远征军史上写下光辉的一页。由于孤军深入，日军凶悍，第200师被迫撤退。新22师继而在斯瓦战役中重创日军第55师团。4月中下旬，第96师在平满纳抗击日军两个师团的猛烈攻击，虽伤亡甚重，但阵地始终未被敌人突破。因中美英三方在战略上的矛盾及指挥上的混乱，导致中国远征军第一次入缅作战失利，并于4月底开始撤退。第5军第200、第96师历尽磨难，撤回国内；而第5军军部、新22师及第66军新38师则撤退至印度。这次撤退损失惨重，杜聿明身染重病，几乎丧命；第200师师长戴安澜在指挥部队撤退中不幸中弹，壮烈殉国。蒋介石为其举行葬礼，中共中央领导人毛泽东、周恩来、朱德、彭德怀等均打电报表示哀悼。第5军在出国作战前共有4.2万人，战斗中死伤7,300人，而在撤退中死伤竟达1.47万人，其中绝大多数又是在穿越缅北野人山中丢掉性命的。那些原始森林，人迹罕至，缺水无粮，蚊虫成群，蚂蟥横行；当时沿途官兵死亡相继、尸骨遍野、惨绝人寰。许多将士后来回忆谈起“败走野人山”那段遭遇时，仍不免为之动容。

第5军第200师和第96师撤回国后进行了大休整，并补充了大批兵员。1943年初，第5军扩编成第5集团军，邱清泉就任军长，下辖刘观龙第49师、黄翔第96师、高吉人第200师，驻防昆明城郊。同年10月，该军开始接受美式装备。1944年5月，为打通滇缅公路，邱清泉奉命率第200师赴滇西作战，并于次年元月配合友军攻克畹町城，打通了滇缅公路。抗战胜利后，第5军奉蒋介石之命缴了龙云部队的械，从而结束了龙云对云南的控制。这期间，罗又伦、廖慷先后担任过第200师师长一职，罗又伦还担任过第49师师长一职。

解放战争爆发后，第5军被调赴重点战场，先后参加了华中、华东，尤其是苏鲁地区的战事。这支部队也是一支身经百战，全部美式装备，威名赫赫的王牌部队。

V 抗战时期，在滇缅边境作战的中国军队。

4.“狡如狐，猛如虎”

第三颗“硬核桃”是第3兵团整编第11师。该师为国民党军第18军整编而成，也称“种子军”，因为该军建制最早且多变，许多师、旅进出该军。这支部队是蒋介石的心腹爱将、国民党军大佬——陈诚一手创建的部队。

陈诚，字辞修，浙江青田人。1922年毕业于保定陆军军官学校。1924年入黄埔军校，因是浙江同乡而得到蒋介石的关注。历任特别官佐、炮兵营连长、营长等职。曾参加两次东征和平定滇、桂军阀叛乱。1926年7月参加北伐战争，任国民革命军总司令部参谋、第21师团长。1927年4月任第21师师长。1928年7月任第11师副师长，

蒋桂战争

国民党统治时期的一次军阀战争。1929年9月，刚刚上任的蒋介石，为了独操军权，与汪精卫合作，重新出任“国民革命军总司令”。由于桂系军阀控制着两广、两湖，排挤亲蒋的湖南省政府主席鲁涤平。因此，蒋介石于1929年3月派兵进攻武汉，迫使桂系军阀于4月放弃武汉。桂系军阀头子李宗仁、白崇禧南逃广西，蒋桂战争结束。

∧ 20世纪20年代的蒋介石。

次年率第11师参加蒋桂、蒋唐（生智）等战争，竭力为蒋介石效命。1930年在蒋冯阎战争中，任蒋军第2军副军长，率第11师解曲阜之围与抢占济南有功，升任第18军军长。1931年5月任追击军第2路总指挥，参加了对中央革命根据地的第三次“围剿”。1931年12月，由蒋介石和宋美龄主婚，与谭祥在上海结婚。1933年2月任赣粤闽边区“剿共”军中路总指挥，率11个师参加第四次“围剿”遭惨败，被歼灭近3个师。7月任赣粤闽湘鄂北路“剿共”军军官训练团团长，分期训练中下级军官。以后，蒋介石多次在庐山等地举办训练团,陈均充任副团长或教育长。陈诚严于治军，强调“精神教育”，有实干家与战术家之称，深受蒋介石宠信。9月任北路“剿共”军前敌总指挥兼第3路军总指挥，对红军进行第五次“围剿”，采用步步为营、逐段推进战法，占领江西广昌、石城、瑞金等重镇。1936年3月任“剿共”军第一路总指挥，率部入山西，阻止红军东进抗日。5月任晋陕绥宁四省边区“剿共”军总指挥,进攻陕北红军。“西安事变”时，陈诚与蒋介石同被张学良扣留在西安，陈对张学良表示愿与蒋共生死，而更得蒋之信赖。后任第4集团军总司令，屯兵渭南，改编了张学良、杨虎城的部队。抗日战争期间，主张抗日，先后任第三战区前敌总指挥、武汉卫戍总司令、第九、第六战区司令长官和军政部长等职,指挥所部参加淞沪、武汉、宜昌诸战役。1946年5月任参谋总长兼海军总司令，力主内战，妄称在3至6个月内消灭人民解放军主力，协助蒋介石指挥国民党军向解放区发动全面进攻，被挫败。1947年2月晋陆军一级上将。8月兼任东北行辕主任,妄图集中14个军的优势兵力与东北民主联军决战，又遭失败。1948年5月被免职，10月去台湾。历任台湾省主席兼警备总司令、台湾当局“行政院”院长、中华民国“副总统”、国民党副总裁等职。1965年3月在台北病故。

陈诚在国民党军中大举培养亲信，构建了自己的小集团，号称“土木系”，所谓“土”就是指“十一师”，“木”就是指“十八军”。所以说，第11师、第18军是陈诚的看家本钱。该部队先后产生了国民党军的5个一级上将、4个参谋总长、两任海军总司令、1个空军总司令、1个联勤总司令、20多个军长，在“五大主力”中排名第一。

第11师的成立过程是这样的：1928年，北伐军在整编福建军阀周荫人的残部时，把周荫人的第17军与南京警备司令陈诚的两个警卫团合并，组成第11师。蒋介石原想让陈诚做师长，但时任东路军总指挥的何应钦却以陈资历太浅为由，任陈诚为副师长。陈诚大怒，拒不受职。蒋介石只得向他交底，许以该师的人事权和经济权，陈诚才回来任职。1年后，1929年，蒋介石就将陈诚任命为第11师师长。这支部队也成为陈诚起家的本钱。

1930年中原大战后，陈诚升为第18军军长。但实际上该军当时只有一个第11师。1931年，第18军才初具规模，下辖罗卓英第11师和周至柔第14师。后陈诚以种种借口不断收编杂牌军，第18军规模最大时曾辖有5个师的兵力。由于陈诚深得蒋介石的宠爱，第18军也就备受青睐，其装备在当时国民党军队中是最先进的。这支军队训练有素，以能征善战著称。当时国民党军校毕业生很多人宁愿到第18军当排长，也不愿到一般部队当连长，其名声可想而知。1935年9月，罗卓英升任军长一职。全面抗战爆发前，第18军下辖3个师：彭善第11师、陈沛第60师、黄维第67师。

1937年8月，罗卓英率第18军由广州开赴上海参加淞沪会战。为不辱使命，陈诚惟有忍痛一时，严令部队：只要完成任务，18军打光打尽也在所不惜。在作战初期18军曾四战罗店，双方伤亡惨重，罗店也因此战而闻名天下。淞沪会战后，18军入江西作战。1938年5月，67师师长黄维升任军长，莫与硕接任67师师长之职。1938年秋，18军参加武汉会战，当时其下辖的3个师为彭善第11师、何平第16师、陈沛第60师。此后该军又开进湖南。到湖南后，其地方保安处所属的几个保安团被编成第198、第199师，归18军建制。1939年5月，彭善升任18军军长，继而便率军入川整训。整训后其下辖的3个师分别为第11师（师长方靖）、18师（师长罗广文）、199师（师长罗树甲）。彭善在枣宜会战后因国民党内部的派系斗争被免职，方天继任军长，宋瑞柯升为199师师长，18军再度撤回四川。

1941年10月，陈诚令第18军开至湖北宜昌、秭归地区，并于1942年夏对日军发动攻势作战。1943年春，覃道善调升18师师长，在此之前，胡琏于1942年3月升任11师师长，鄂西会战时18军下辖覃道善的18师、胡琏的11师、彭巩英的暂编34师。这次会战中石牌要塞的地理位置十分重要，曾被重庆统帅部比作“中国的斯大林格勒”。当时守此要地的是胡琏的11师。当战斗激烈时，陈诚打电话问他：“守住要塞有无把握？”胡琏斩钉截铁地回答：“成功虽无把握，成仁却有决心！”11师官兵英勇作战，死守要塞；18师则连日苦战，仗打得极为激烈，双方死伤甚多。18军的英勇奋战为鄂西大捷立下了汗马功劳。1943年8月，罗光文就任军长。之后18军又参加常德会战，原暂编34师由武泉远的55师取代。1944年8月，胡琏升任军长，率部守备常德、桃源等地区。同年冬，18军全换美式装备，实施美式兵器教育和训练方法。该师装备长短枪11,520枝，其中冲锋枪等自动武器2,370枝；美制105毫米榴弹炮8

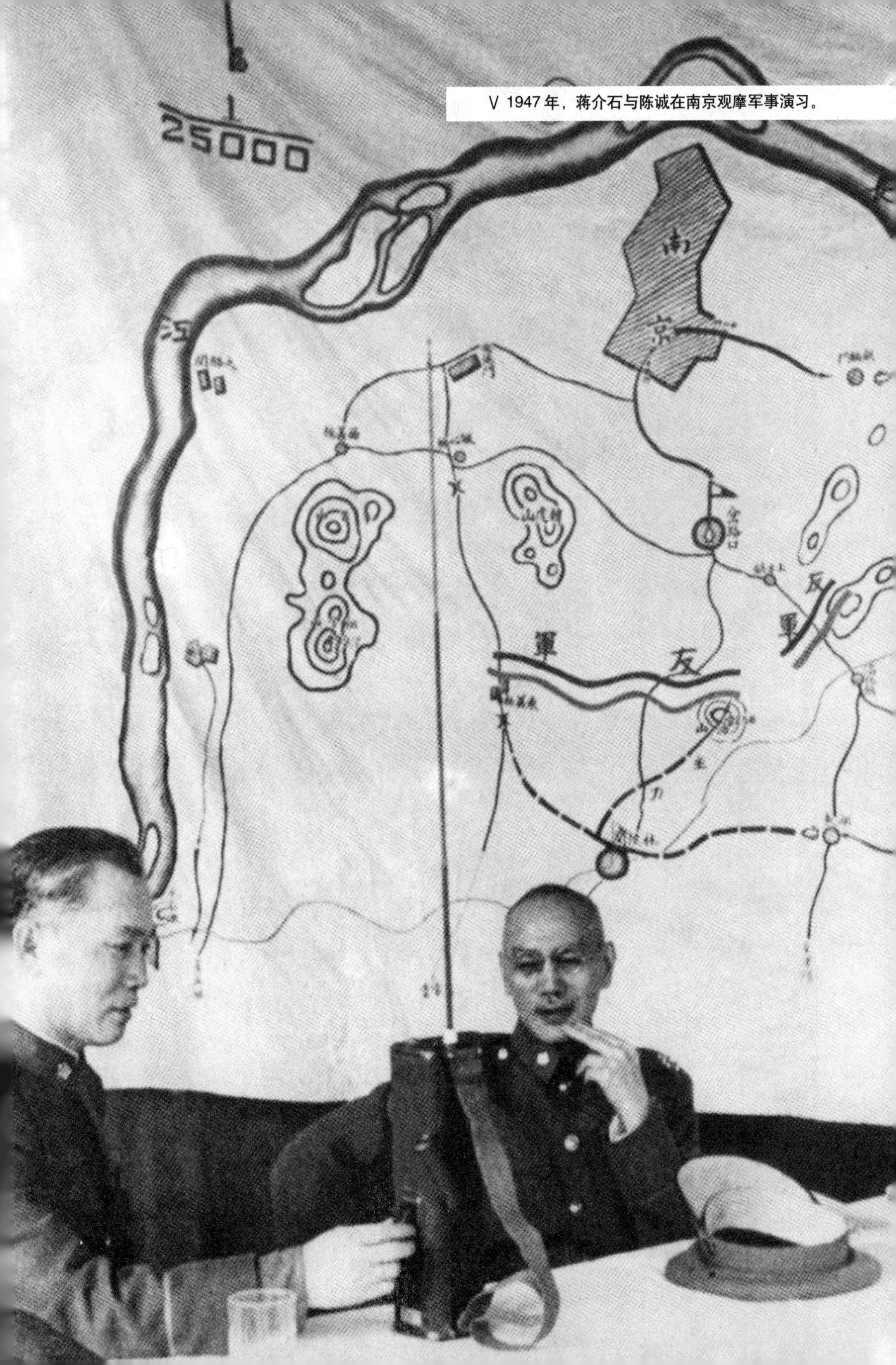

V 1947 年，蒋介石与陈诚在南京观摩军事演习。

∧ 解放战争期间，胡琏曾任国民党军整编第 11 师师长。

门、山炮48门、32毫米口径平射炮24门、22毫米机关炮12门、战防炮108门、迫击炮48至84门、小炮108门、火箭筒120具；汽车360辆。

抗战胜利后，第18军于1946年5月改编为整编第11师，师长胡琏。该师的骨干人员大都是黄埔军校出身，精于战术，训练有素，以身作则，勇于作战。客观上讲，与整编第74师的张狂、爱出风头相比，整编第11师更为狡猾、谨慎。该师师长胡琏黄埔四期毕业，与张灵甫等人同届，勇猛善战，是国民党军中出名的猛将。毛泽东曾亲笔通告我中原野战军和华东野战军："18军胡琏，狡如狐，勇如虎。宜趋避之，以保实力，待机取胜。"对其重视，可窥一斑。国民党军史上评价胡琏是十二个字："爱才如命，挥金如土，杀人如麻。"在解放战争中，胡琏率整编第11师，纵横中原战场，充当着救火队的任务，哪里国民党军有难便被投入哪个战场，与中原野战军、华东野战军屡次交手，很少处于下风。

1946年10月章逢集大战，中原野战军主力近6万人（3、6、7纵），3个纵队

南麻战役

1947年5月，国民党军在遭到孟良崮战役的沉重打击后，于6月25日重新调整组编，再次进攻鲁中山区。6月28、29日，进占南麻。华东野战军4个纵队，于7月17日晚对敌整编第11师胡琏部发起总攻。经外围激战，将敌压缩在南麻狭小地带，胡琏部面临绝境。此时，因敌援军突破我阻击防线等原因，华野部队于21日晚撤出战斗。是役毙、伤、俘国民党军队1.1万人。

围攻整11师32团一个团5天5夜，最后打成平手，中野伤亡四五千人，整11师32团伤亡2,700余人（32团本不想撤退，因1营营长牛镇江擅自带两个连突围撤走，才不得不带余部撤走，战斗连头带尾总共5天。32团一个团能够面对十倍以上解放军猛攻，奋战5天，坚守章逢集3天3夜，最后安然撤退，保存了500多人的骨干，实属难得。中野不但没有战果，反而受到重大挫折，全军不得不后撤100余里休整，丢掉了鲁西南根据地，损失重大）。

山东南麻战役，华东野战军集中5个纵队，其中一个打援，4个纵队外加鲁中军区3个团猛攻南麻5天5夜，仅歼整11师一个团，自身伤亡达1万余人；1947年9月曹县战斗，整11师孤军突出到土山集、大义集一带，华野急于报南麻一箭之仇，调动6个绝对主力纵队（华野1、3、4、8、10纵，中野11纵）设下口袋阵，严密包围，整11师师长胡琏嗅觉敏锐，马上停止前进，进驻两个村庄挖掘工事固守。解放军还是老战术，集中绝对优势兵力打歼灭战，以3、8两纵猛攻土山集守军18旅，4纵阻击大义集增援。18旅坚定守住土山集，经过3天激战，重创3、8两纵，同时大义集的11旅

∧ 淮海战役中，被我军俘虏的国民党徐州“剿总”副总司令杜聿明。

及时出击，打垮4纵坚强阻击，猛烈从后攻击3纵后方，华野见已失去有利战机，即迅速撤退。

1948年，整编第11师恢复第18军的番号。进入大别山之后，18军更是威风凛凛，中原野战军不但高度警惕，几乎是轻易不与接战。如中野1纵绝对主力20旅于1948年1月在包信集与整11师遭遇，损失很大，其中一个主力营，4百余人被成建制消灭；1948年1月16日，在王家店宿营的中野6纵18旅被包围，旅长丢掉旅直属队，使300余人全部被俘虏，总算保全了18旅。王家店成为永远抹不去的痛。一直到18军淮海战场被歼之前，解放军数次企图歼灭18军的计划都没有成功。在此之前可以说，18军对中野、华野基本保持了非胜即平的战绩。

1948年11月6日，淮海战役开始。11月8日，以第18军为主力的黄维第12兵团，由武汉驰援徐州，解救被围于陇东的黄百韬第7兵团，被中原野战军困于浍河南岸地区。后被诱至宿县西南东西不到10公里、南北5公里左右的双堆集地区内团团包围，至12月15日，大部被全歼。当时，第18军第118师"老虎团"第33团（该团全部是由战斗经验丰富的老兵组成，作战时凶狠顽强，堪称18军之精华）与中原野战军两个团血战大王庄，殊死肉搏，攻守双方几乎都拼光，此战为整个淮海战役中最残酷、激烈的战斗之一。时任兵团副司令胡琏因父丧丁忧，暂时离开部队，为胜败投下了重大变量；黄维用兵犹疑不决，关键时刻又过于莽撞，被视为第12兵团覆灭双堆集的主因。后虽胡琏乘飞机重回围困中的双堆集，但亦无法改变第12兵团被全歼的命运。

第12兵团被全歼后，胡琏乘坦克突出重围，但亦受重伤，嗣即在上海进行手术。手术后，接受蒋介石的命令，重建第12兵团。

1949年10月24日的金门战役，华东野战军第28军下属3个团共9,000余人渡海进攻金门，发起金门战役。胡琏率第12兵团登岛增援，双方在古宁头激战三昼夜，第28军的3个团全军牺牲。这是解放军成立以来惟一一次整建制的3个团被国民党军歼灭。而指挥这一仗的正是华东野战军的老对手胡琏。此后，胡琏被任命为金门警备司令，官至一级陆军上将，1977年病逝。胡琏死后的1979年，粟裕大将视察南京军区、福州军区时，与二野、三野的老部下们座谈，提及胡琏，不无惋惜地说："悍将谋才，古宁头之恨难消啊。"

胡琏率领的整编第11师，正是重点进攻山东战场的又一"硬核桃"。

国民党军这次出动了五大主力中的三支，蒋介石是真的拿出了血本。而这三支部队兵精将猛，我山东解放区一时重兵压境，形势异常严峻。

①

★ ②

★ ③

★ ④

❶ 我军某部战士成功破袭敌铁路后留影。
❷ 我军炮兵正向敌目标集火射击。
❸ 我军某部战士正在展示缴获的美式武器。
❹ 我军某部准备开赴前线，迎击国民党军。

[亲历者的回忆]

王诚汉

(时任华东野战军第1纵队独立师第1团团长)

在整训期间，根据华野前委关于进一步加强党对军队绝对领导的统一部署，确实加强政治委员制度和政治工作制度，我团建立了党委会。

遵照华野政治工作会议精神，我们研究贯彻了部队党委会的职责、关系和工作方法，并整顿支部，确定加强连队支部建设为当前政治工作的中心。在编制上，主要接收了一批解放战士补充连队，我团增编了1个担架连，并按华野要求，团成立了缴获物资处理委员会。

为贯彻“打一仗，进一步”、“以战教战”的方针，我们进行了相应的军事训练。

干部以山地、村落攻坚战为中心，尤其注重解决在各种情况下进行战斗的组织指挥与突击、爆破、火力三结合的战术问题，提高对运动战、歼灭战的指导思想以及钳制与主攻的辩证关系的认识。战士们以射击、投弹、爆破、土工作业四大技术为中心，结合战斗小组和班、排战术及战斗动作，勤学苦练。

经过整训，全团指战员情绪饱满，斗志高昂，上下团结一致，从思想上、政治上、组织上达到了高度集中统一，战术、技术有了新的提高，为此后的作战打下了坚实的基础。

——摘自：《王诚汉回忆录》

郭化若

（时任鲁南军区副司令员）

国民党军对山东的重点进攻，于3月下旬开始，妄图首先打通津浦路徐州济南段和临沂至兖州公路，全部占领鲁南解放区，巩固其后方，然后寻我在鲁中山区决战，或压迫我军北渡黄河，以实现其占领整个山东解放区的目的。

因此，首当敌人重点进攻之冲的是鲁南地区。鲁南的局势顿时紧张起来。

——摘自：《郭化若回忆录》

第三章

千里舞龙灯

∧ 苏中战役，时任华中野战军司令员的粟裕。

毛泽东电示陈粟，“考虑行动应以便利歼敌为标准”，“不必顾虑距离之远近”。陈粟心领神会，采取持重待机的策略，以高度的机动和回旋调动敌人，在运动中寻机歼敌。华东野战军“千里舞龙灯”，忽南忽北忽东忽西，时进时退打打撤撤，拖得蒋军疲惫不堪，叫苦不迭。

1. 英雄何必问出处

国民党军的三个兵团按照“密集靠拢，加强联系，稳扎稳打，逐步推进”的新作战方针，一步一步向华东野战军压来。面对强敌云集的严重态势，根据党中央的指示，华东野战军严阵以待，陈毅、粟裕沉着应战。

当时的华东野战军，司令员是陈毅，粟裕是副司令员。陈毅是红军的创始人之一，中共的高级领导人，但负责作战的却是副司令，这在中外战争史上是罕见的。1946年，解放战争一开始，国民党军率先对苏中地区发起进攻，蒋介石投入包括整编第74师在内的5个整编师12万人的兵力，而华中野战军仅有3万人的部队。在粟裕的指挥下，虽然创造了“七战七捷”的光辉战绩，但在蒋介石的南北夹击下，特别是整编74师的迅猛进攻，最终华野主力还是撤出了“两淮”（淮阴、淮安）。由此，华中野战军也与整编74师结下了“梁子”。

华中野战军北上到淮海区，同南下支援华中战局的山东野战军会合。两大野战军会合后，中共中央华中分局和华中军区提议，提出两大野战军集中指挥作战。陈毅也电示中共中央“同意华中分局的建议，山野、华野集中向淮海区向西行动”的办法，并且主张两大野战军指挥部合成一个。陈毅还向中央建议，华野、山野的统一指挥，在军事上可以由粟裕多下决心。这体现了陈毅的高风亮节，体现了陈毅是一名真正的智

苏中七战七捷

1946年6月下旬，位于江苏省境内长江沿岸的国民党军约12万人向苏中解放区发动进攻。华中野战军采取出其不意、攻其不备、集中优势兵力、各个歼灭敌人的战法，于7月13日至8月31日在泰兴、如皋、海安等地连续作战七次，共歼国民党军6个旅、5个交警大队约5.3万余人，被誉为“七战七捷”。新四军各部牺牲干部战士3,000余人，伤1.3万余人。

者，勇于放权给某一方面能力更强的人。南昌起义时，粟裕还只是陈毅手下的一名班长，而陈毅已是中共的高级领导人。此后，粟裕又跟着陈毅上了井冈山。红军长征后，粟裕和陈毅一起在南方打了三年游击。抗日战争中，陈毅担任新四军军长，粟裕则在新四军第2支队担任副司令员，一直是陈毅的老部下。陈毅非常了解粟裕的军事才能，毅然把粟裕推向指挥的前沿，推向战争舞台的中央。

1928年，国民党抽调湘军、赣军共10个团的兵力对井冈山进行"会剿"，朱德

V 革命圣地——井冈山。

井冈山革命根据地

1927年10月，毛泽东率领秋收起义的部队到达位于湘赣边界的井冈山，在这里创立了中国共产党领导下的第一个农村革命根据地。1928年4月，朱德率领南昌起义余部和湘南农军与毛泽东领导的工农革命军在此会师。两军会师后，成立了中国工农红军第4军，毛泽东任党代表，朱德任军长。此后，红军粉碎了敌人的多次“围剿”，根据地不断扩大。井冈山革命根据地的创建，为中国革命开辟了一条以农村包围城市，最后取得全国胜利的正确道路。

七溪岭战斗

土地革命战争时期，红4军在江西宁冈、永新两县边境的新老七溪岭、龙源口地区，粉碎国民党军队“进剿”的一次反击作战。1928年6月，国民党军5个团对井冈山革命根据地举行第四次“进剿”。6月中旬，敌进占永新城后分左右两路进犯宁冈。红4军在朱德、毛泽东的指挥下，主动撤出永新城，退到根据地中心宁冈地区待机。6月23日，红军将左路之敌围歼于龙源口地区，并乘胜收复永新城，粉碎了敌军的第四次“进剿”。

指挥红军作战。当时只有21岁的粟裕担任红四军第28团连长，朱德命令他抢占并控制敌军进攻必经之处老七溪岭。当粟裕带部队赶到时，却发现那里的制高点已被敌人占领，强攻几次也未成功。中午过后，粟裕想到敌人中午可能会松懈，就率先带部队抄小路隐蔽冲向敌军，突然发起攻击，一下子就冲破了敌人的防御。当粟裕占领制高点后却发现，仅9名战士跟了上来。危急关头，只有21岁的粟裕大喊：“1连向左，2连向右，合围敌人。”并令司号员吹起了冲锋号，满山谷回荡着嘹亮的军号声。敌人一时惊慌失措，不知来了多少红军，一下子四散奔逃。当粟裕带领3名战士冲进一个山凹时，突然发现这里猬集着100多名敌人。粟裕立即大喊“缴枪不杀”，他的镇定，加上山谷中回荡的军号声，以及挥舞的红旗，令这100多名敌人吓破了胆，乖乖的放下了武器。此时粟裕他们三个人也没法拿这些枪，于是，粟裕命令他们把枪机拆下来，空枪由俘虏背着。老七溪岭一战，粟裕带领9个人占领制高点，带着3个人俘虏敌军

V 苏中战役结束后，苏中群众欢迎我军归来。

一个连。朱德在战后的总结会上说："粟裕连长指挥机动灵活，有勇有谋，不愧是青年军事家。"

就这样，粟裕青年军事家的名气在井冈山流传开来，引起了毛泽东的注意。长征开始后虽然两人分开了，但毛泽东也一直关注着粟裕。特别是粟裕在苏中地区创造了"七战七捷"后，更是深得毛泽东的信任，也使毛泽东对这个在革命战争中成长起来的军事人才有了更大的期望。当中共中央研究山东、华中两大野战军合并的问题，研究军政首长任命时，大家一致同意由陈毅担任司令员兼政委，粟裕任副司令。毛泽东还提议，考虑到陈毅建议军事上粟裕可以多下决心，而粟裕确为难得的军事人才，因此，以后华东战场的军事指挥由粟裕负责。朱德、刘少奇、周恩来等人非常了解粟裕的才能，也非常赞同毛泽东的建议。因此，中共中央电示称"同意集中山东野战军和华中野战军一起行动""陈（毅）张（鼎丞）邓（子恢）曾（山）粟（裕）谭（震林）团结协和极为必要"。中央特别强调"在陈（毅）领导下，大政方针共同决定（你们6人经常在一起以免往返电商贻误戎机），战役指挥交粟（裕）负责。"

司令员在位，军事作战却由副司令负责的中外战争史上的特例就这样产生了。陈毅担心山东野战军的指挥员不能完全听从指挥，还专门召集过会议，并提出"约法三章"，明确表示，不能完全听粟裕指挥的，军法处置，为粟裕撑腰。此后，粟裕指挥宿北和鲁南两次战役大捷后，不仅证实了，而且更加坚定了中共中央让粟裕全权指挥华东野战军作战的决心。1947年，华东野战军正式成立，中共中央任命陈毅、粟裕分别担任华东军区和华东野战军的正、副司令，同时再次重申"华东军区的战役指挥仍由粟裕负责"。

2. 陈粟决定主动出击

粟裕深知，中共中央、毛泽东主席把军事指挥的千斤重担交给自己，自己必须要全力以赴，才能不辜负党中央、毛主席的重托。因此，这次，面对蒋介石对山东战场的重点进攻，面对大军压境的困难局面，粟裕把自己关在作战室里苦苦思索了几天，每天在地图前一站就是几个小时。看地图也是粟裕一生最大的爱好，他在看地

∧ 抗战时期，坚持南方游击战争的粟裕（左三）与其他指挥员合影。

图时，山川河流、千军万马跃然纸上，战略、战役、战术推演激烈万分，奥妙无穷。经过认真的推演，粟裕确定了自己的作战思考，并征求了陈毅的意见。

粟裕的主要考虑是：华东野战军在总的战略上，应坚持毛泽东军事思想，即应集中优势兵力，各个歼灭敌人，而不是与敌正面决战。当前国民党军兵力过分密集，准备充分，行动谨慎，估计有利战机比过去要少得多。所以，在敌重点进攻伊始，华东野战军应该采取持重待机的方针，即以积极主动的作战行动吸引、调动、疲惫、迷惑敌人，审慎地观察战场形势的细微变化，密切分析掌握敌人的行动规律，积极主动地创造并迅速捕捉有利战机，条件具备了就坚决地歼灭敌人；条件不具备，就改变和放弃原计划，绝不轻率作战。

粟裕还向陈毅解释，之所以确定这样的方针，是因为通过多年来对毛泽东军事思想的学习与理解，多年来与蒋介石的部队打交道的实践。毛泽东军事思想的核心即运动战，“敌进我退，敌退我进，敌驻我扰，敌疲我打”。从红军时期起，无论是四次反“围剿”，还是“四渡赤水”等等战役，蒋介石最怕被分割，各个击破。那样他的集团优势就不能发挥，协同作战、火力优势也不能发挥。因此，以弱势兵力对集团化的国民党军，就是要坚决贯彻毛泽东军事思想，以运动战和他的机械化周旋，千方百计地调动敌人，在运动中创造有利战机，一举歼灭敌人。

陈毅非常赞同粟裕的想法。随后，华东野战军召开了战前会议，陈毅在会议上说：“还是那句老话，兵来将挡，水来土掩。我们的作战方针仍然是集中优势兵力，各个歼灭敌人，要义无反顾地同敌人作几次大的周旋、大的较量，大踏步前进，大踏步后退。革命战士的一双铁脚板，一定能打败国民党军的四个轮子。”“我们这个战法就叫‘耍龙

> 抗日战争时期，任新四军第 1 支队司令员的陈毅在干部会议上讲话。

灯'，我们在前面挥舞彩球，国民党军这条恶龙摇头摆尾来回翻滚，折腾得他差不多了，瞅准时机给他一刀，一刀要他老命。"

其实，华东野战军之所以敢确定"耍龙灯"战术，是基于一个过程的。毛泽东军事思想强调运动战，"大踏步进退"就是运动战的重要特点。然而要真正做到"大进大退"，却有两个重大障碍。一是部队官兵对大踏步进退的思想认识。从军事上讲，一切的走都是为了打，都是了夺取战场主动，都是为了歼灭敌人，消灭敌有生力量，大踏步后退，其实也是大踏步前进，是到另一个方向去消灭敌人。但是，普通官兵对此都是很难接受，特别是对打胜仗后还要大步后退感到不理解。以前，部队从苏中退到苏北，从苏北退到鲁南，都遇到过这个问题。华中部队的官兵发牢骚说"反攻反攻，反到山东，手拿煎饼，口咬大葱，大好形势，思想不通，有啥意见，要回华中。"然而，通过宿北、鲁南、莱芜几次战役的胜利，大家对这种大进大退，大退也是大进的作战方针有了更深刻的理解，思想问题得到了解决，这第一个障碍已经消除。第二个障碍是后勤供应问题。几十万部队南北运动，粮草、弹药等大批物资供应不是小事，山区道路不好，只有挑担、小推车等落后的运输工具。但是，经过几次大战的考验，加上前一个月的休整，在中共中央华东局的直接领导下，依靠解放区人民的热情支援和严密有力的组织，后勤保障应该不再是问题。这两大障碍的消除，为华东野战军继续坚持运动战的方针，打更大规模的运动战、歼灭战奠定了扎实的基础。

华东野战军的战前会议召开后，陈毅率先赴南线组织指挥。1947年3月27日，陈毅与张鼎丞、邓子恢一起致电粟裕、谭震林并报中共中央、毛泽东，提出："鉴于数路敌军已经扑来，华东野战军在胶济线之休整，如可以告一段落，则应考虑作战问题。"

次日，粟裕在征得陈毅同意后，与华东野战军副司令谭震林、参谋长陈士榘联名致电中央中央、中央军委：

为粉碎顽之企图，使顽防线延长，逼顽分散兵力和支援华中斗争，以便取得华中可能的物力人力支援长期作战，我们拟以三个纵队（2、7、8共8.2万人）伸入郯城、马头、新安镇。到新安镇后向西扩张，占领运河线，造成渡运西进，威胁津浦南段之势，诱顽74、83两师南援。以上部署，于4月1号开始运动，14号左右才能打响。如何？望示复。

羊马河之战

1947年青化砭战役后，国民党军急于寻找西北野战军主力决战。4月12日，国民党整编第15师135旅沿瓦窑堡至青化砭大路南下，企图配合其主力围歼西北野战军于蟠龙、青化砭西北地区。西北野战军以一部伪装主力，将敌军主力诱向蟠龙西北地区；集中4个旅的兵力在子长县城西南羊马河地区设伏，求歼孤军南下的第135旅。14日晨，第135旅进至羊马河西北高地时，西北野战部队突然对其发起攻击。激战至16时，将第135旅4,700余人全部歼灭。

与此同时，蒋介石对陕甘宁边区的进攻正进行到关键时刻。1947年3月17日，胡宗南命令国民党空军对中共中央机关所在地延安进行猛烈轰炸。3月18日，毛泽东最后一批撤离延安。3月19日，胡宗南占领了延安。蒋介石对陕甘宁战场的进况十分满意，专门召开了占领延安庆祝大会。而毛泽东率领一支800人的队伍，在陕北各地转战，并指挥西北野战军与10倍的敌军巧妙周旋，在一个半月的时间里接连取得了青化

V 羊马河战役中，宣传队深入基层部队进行鼓动工作。

砭、羊马河、蟠龙镇战役的胜利。就在辗转各地战斗的过程中，毛泽东仍然十分关注国共双方的另一个重点战场——山东战场的局势。

经过深入研究分析，中共中央军委、毛泽东同意华东野战军结束休整，准备作战的建议。毛泽东还专门指示粟裕，这次顾祝同担任国民党军的指挥，他正是当年“皖南事变”的元凶，是新四军的“冤家”，必须狠狠地打击这个“老仇人”，以报“皖南事变”之仇。3月29日，中共中央、中央军委复电，同意华东野战军结束休整和

∧ 1947 年转战于陕北的毛泽东。

南下歼击国民党军的部署。

于是，陈粟决定，华东野战军第2、7、8纵迅速南下，出击郯城、马头、新安镇，扰敌后方，并以主力第1、第3、第4、第6、第9纵队，集结于蒙阴东南、临沂西北地区，待机寻歼南线增援之整编第74、第83师，或由泗水向东南增援的整编第11师，或由大汶口向东进犯之第5军。这是典型的围城打援战术，以三个纵队攻城，五个主力纵队集结打援。

华东野战军这次主动出击作战，一共分为四个阶段的作战，也

就是说，“耍龙灯”的节目一共有四幕。

第一阶段，华东野战军的目标就是汤恩伯兵团的主力，目标直指整编74师或83师；如果整编11师敢从泗水向东南增援，就打胡琏这个老对手；如果第5军敢由大汶口向东进犯，就打第5军。总之，华东野战军一出手，目标就指向三枚“硬核桃”。后来有人说，解放军害怕整编74师，只不过是由于74师太冒进了，才被歼灭，这是与事实不符的。其实华东野战军结束休整后的第一个目标就是整编74师。粟裕将军在总结他的作战经验时曾指出，“选弱打强，这是我军常用的一条原则。但有时为了迅速改变态

> 抗战时期，任国民党军第27集团军副总司令的欧震。

国民党第3兵团司令欧震

广东曲江人。国民党陆军中将。曾参加南昌起义，任第71团团长，后在阵前倒戈。在第五次“围剿”中随薛岳“追剿”红军。历任国民党第90师师长，第27集团军副总司令，第10集团军总司令，第3兵团司令官，后任第四编练司令部司令官，广东“绥靖”公署副主任兼代理广东保安司令，海南防卫副总司令，1949年去台湾。

势，扭转战局，我们也在有把握或既有一定把握又有一定风险的情况下先打强敌。”

4月1日，华东野战军开始按照部署，分路南下。准备在运动战中制造战机、捕捉战机。但国民党军这次在山东的进攻一直坚持稳扎稳打的方针。特别是国民党军知道华东野战军南下的消息后，也立即相应调整了部署。汤恩伯的第1兵团发现华东野战军有扑向整编74师的动向，立即向临沂地区迅速收缩，转入防御。为了加强第1兵团的守备力量，远在徐州的顾祝同于4月10日调欧震第3兵团所属的第7军和整编第48师向东开赴至临沂附近，与第1兵团合并，并划归第1兵团指挥。整编第9师也进至新安镇地区助阵。

同时，在南京的国民党军参谋总长陈诚还决定，王敬久第2兵团的第5军也向东移

至太平邑，准备向蒙阴进攻；欧震第3兵团的整编第11师东移费县，准备向青驼寺进攻，以威胁华东野战军的侧翼。

由于汤恩伯兵团的收缩，以及王敬久、欧震兵团的移动，都没有按照当初粟裕设计的作战计划进行，因此，华东野战军第一次南下击敌打援，创造战机的计划没有达到预期效果。只得放弃这一作战计划，已经南下的第2、第7、第8纵队只得停止在新泰、蒙阴、十字路一线待机。

3. 战役序幕拉开

见汤恩伯兵团密集收缩，无机可乘，粟裕即命部队改变计划，另觅机会。4月20日，从情报获知，国民党军第2兵团司令王敬久命令整编第72师，从汶上、宁阳地区北进泰

∧ 泰蒙战役打响前，驻地群众欢送我军开赴前线。

安，执行守备任务。这样，整编第72师就暴露在了国民党军的左翼，位置比较孤立。

整编第72师是有几十年历史的川军主力，从抗日战争开始就一直受国民党中央直接指挥，与中央军联合作战，被称为仅次于嫡系的部队。整编72师为日美混和装备，有丰富的山地作战经验，并且善于防御。下辖第34旅和新编第13、第15旅，共28,000人。

泰安城位于津浦铁路上，北连山东省会济南，南接中原重地徐州，是兵家必争的战略重地，同时更是为铁路两侧的国民党军提供后勤保障的基地，其重要性不言而喻。泰安城北倚五岳之首泰山，南临徂徕山。国民党军在此筑下完备的工事，利于固守。整编第72师在泰安的防守部署是：第34旅守备城区，在东、南、北三个城关地区各要点以及泰山的玉泉顶等要点布防；新编第13、第15旅主力防守重点方向城西关，特别是火车站等重要战略目标，以及外围的嵩里山、铁路沿线等要点。泰安城墙厚两米多，还有又宽又深的护城河，城墙外的开阔地密布铁丝网和地堡，外围的许多军事要地都建有独立据点，有视野良好的开阔地并附有密集的壕沟、堡垒群。整编第72师中将师长杨文泉就夸下海口："泰安之城防固若金汤，共军绝无可攻破之道理。"

因为山川相隔，又使泰安城守军与济南的王耀武部和曲阜的邱清泉部无法很好地相互支援，其地形位置有利于分割包围作战。

因此，粟裕立即定下了围城打援之决心。按照华东野战军的作战计划，以3个纵队包围泰安，吸引国民党军整编第75、第85师北援，以4个纵队待机出击，在运动中歼灭泗水方向北援之敌。具体部署是：以第1、第3、第10纵队为西兵团，由陈士榘参谋长指挥，围攻泰安。以第2、第7、第8、第9纵队为东兵团，于临沂至蒙阴公路东侧，待机歼灭敌援。

4月20日，泰蒙战役打响。

4月22日，陈士榘下达攻打泰安的作战命令：以第10纵和榴弹炮团的3个连攻打泰安，第1纵和第3纵控制泰安西南正面，防止国民党军北上增援。

华东野战军第10纵队是由渤海军区的部队组建而成的。1938年底，八路军第115师进驻山东，组建山东军区。山东军区下辖有渤海、胶东、滨海、鲁中、鲁南等5个二级军区。抗战胜利后，渤海军区的第7师随罗荣桓挺进东北后，剩下了6个主力团。1946年6月，渤海军区警备第7旅第13团再加上军区2个特务团重建第7师；同年10月，警备第6旅第11团、警备第7旅第14团、警备第8旅第17团组建了第11师；1947年1月，山东野战军和华中野战军统一整编，渤海军区第7师和第11师编为华东野战军第10纵队，并改建为第28、第29师，纵队又组建了一个直辖的特务团。在当时华东野战军的9个主力纵队中，只有10纵是两个师。直到1949年1月，才在江苏涟水李庄组建第30师。

10纵的作风坚韧顽强，最善长阻击作战，阻击打援在华野有口皆碑。"排炮不动，必是10纵"，这也是当年在国民党军中流行的一句话。无论在此前的莱芜战役还是此后的孟良崮战役、开封战役、睢杞战役中，10纵均担任阻击任务，屡次和蒋介石"五大主力"中的整编第11师、第5军过招，从未落得下风。在桃林岗之战中，10纵和邱

睢杞战役

又称豫东战役。1948年夏，国民党军为摆脱被动局面，布重兵于中原战场。为此，华东野战军外线兵团及中原野战军一部，在陇海路开封至徐州段及其南北地区发动攻势，以求寻歼国民党整编第5军。6月17日至22日，解放军攻克开封，歼灭国民党军30，000余人。27日至7月6日，解放军向进抵睢杞地区的区寿年兵团发起猛攻，共歼国民党军50,000多人，收复了老河口、杞县等7座县城。

清泉兵团血战5天5夜，坚守阵地，岿然不动。因此粟裕在排兵布阵时，总是将10纵放在关乎全局的阻击阵地上。

当然，如果说10纵只会防守也有失偏颇，10纵在攻坚战上也有很强的实力，参加了许多著名的攻坚作战。此次主攻泰安的任务就由10纵承担。

10纵的司令员是宋时轮。宋时轮，原名宋际尧，湖南醴陵县人。1926年考入黄埔军校第五期，1927年加入中国共产党。土地革命时期当过游击队队长，后到井冈山，先后任红军学校分校校长，红35军参谋长，独立第3师师长，红61师师长，红30、红28军军长。参加过长征。与10纵一起担任主攻任务的还是华东野战军新组建的特种纵队的榴弹炮团，这支部队的来历又有一番传奇。

这支部队司令员是有传奇色彩的陈锐霆，他1906年出生于山东即墨，1928年12月考入河北军事政治学校（后称黄埔军校第七期），学的是炮兵专业。毕业后，在商震的第32军任炮兵连长。1935年，陈锐霆以连长职务进入国民党炮兵专门学校，接受了德国炮兵顾问的教授。在这期间，他也接受了中国共产党的一些进

∧ 曾任国民党“总统府”参军长的商震。

国民党“总统府”参军长商震

河北大城人。国民党二级陆军上将。曾任晋军第1混成旅旅长，第1师师长，绥远都统等职。南京国民政府成立后，任河北、山西省主席，晋军第32军军长，河南省主席等职。抗日战争期间，任第20集团军司令，第六战区司令长官，军委会办公厅主任，驻美军事代表团团长，军委会长侍从室第一处主任等职。抗日战争胜利后，任“总统府”参军长、“同盟国对日委员会”中国团团长等职。1949年后旅居日本。

< 豫东战役开封之战中，我军冒着敌机轰炸，向开封南门前进。

步理论和革命道理。炮校毕业后陈锐霆仍回部队当连长。这期间，他对共产党有了更进一步的了解，1937年3月秘密加入中国共产党。抗战时期，转战冀、鲁、赣、鄂等地抗击日寇，屡建战功。1941年在“皖南事变”中率部起义，为反内战作出了特殊贡献。此后，他率领的部队发生“哗变”，他本人身中数刀，生命垂危。在毛泽东的关怀下，经最好的医生抢救，终于挽回生命。伤好就任新四军司令部参谋处长兼炮兵司令员。

陈锐霆在担任新四军司令部参谋处长兼炮兵司令之初，纯属光杆司令一个，手下无兵无炮。陈毅同志曾对他说：“现在咱没有炮，但是以后我们会有炮的，千万不要忘了炮。”因此，虽然没有炮，陈锐霆仍是积极准备，并向陈、粟首长建议，在华东军政大学成立炮兵大队。他在给学员讲课时强调：“没有枪没有炮，但我们有蒋介石这个运输大队长，随着战争的发展，他会将最新式的美式大炮送给我们。”果然，随着解放战争的逐步胜利，陈锐霆的话不断得到验证。

1946年初，华东野战军迫切需要组建自己的特种兵部队，特别是炮兵部队。因此，在鲁南战役前夕，粟裕找到陈锐霆，要求他专门负责到战场上收缴美式装备，到俘虏营中去把国民党军的坦克兵、炮兵、汽车司机都找来，统一进行教育培训，改造他们成为解放军的坦克兵、炮兵和汽车兵。

在鲁南战役中，华东野战军歼灭了国民党军两个整编师和一个快速反应纵队，缴获了大量的美式装备。计有坦克34辆，其中性能完好的24辆，可直接使用的10辆；各类火炮217门，其中美式榴弹炮48门；汽车474辆，通信器材不计其数。

粟裕听取了陈锐霆的报告后，专门向陈毅进行了报告。他说：“以后的仗越打越大，我们不仅要和敌人打野战，而且要进攻大城市。我们要有用‘小米加步枪’打败敌人‘飞机加大炮’的信念，但我们不能停留在‘小米加步枪’的水平，武器装备必须要紧跟形势的发展。建议利用缴获的美式重型装备，组建一个特种兵纵队，并且加强各个纵队的炮兵力量。”陈毅对粟裕的建议非常赞同。两人把华东野战军的建议上报中共中央军委，并提议由陈锐霆担任特种兵纵队司令员。

中央军委很快批准了华东野战军的建议。粟裕随后找到陈锐霆宣布命任，并指示他：“特种兵纵队应该采取重点突出炮兵建设的方针。在骑兵、炮兵、工程兵、装甲兵这4个兵种中，重点是炮兵。

在炮兵中也要分主次。轻型的山炮归各纵队建设，特种兵纵队的重点是重型火炮，以机动性的榴弹炮为重中之重。这是战争的需要。”“以华东军政大学炮兵大队为基础，组建特科学校，归特种兵纵队领导，加快培养技术干部。”

陈锐霆很快就在特种兵纵队中建立起一支能打仗的炮兵部队，并在以后的战斗中大显威风。而泰安是它的第一战。

4月22日晚，陈士榘指挥着华东野战军的第1、第3、第10纵分别从徂徕山南下，西越津浦铁路，直扑泰安地区。

23日晨，第1、第3纵按预定计划进至泰安西南正面待命。

22日夜，担任主攻的华野10纵，由其第28师开始攻击泰安的东、北门和摩天岭及其外围之敌；第29师开始攻击西、南门和嵩里山据点。国民党军迅速退至城内和嵩里山据点固守。10纵遂将泰安团团围住。

按照粟裕战前的设想，攻打泰安是假，围城打援才是真。至此，华东野战军的初步构想已经实现。但是，此次国民党军决心坚持原作战方针。虽然防守泰安的杨文泉急电向附近的国民党军求救，但他们都想到华东野战军可能重点在打援，怕中了暗算，所以始终按兵不动。这样华野打援的目的一时无法实现。

为了给敌人施加压力，同时也为了避免部队被拖在泰安城下，华东野战军只好强攻泰安。10纵受命开始猛攻泰安城的四个城关和嵩里山据点。由于国民党军守备完善，防御工事坚固，攻击受到很大阻力。当夜仅仅攻下摩天岭一线阵地，到24日晨，泰安城还未能攻下。

见敌毫无增援动向，为求速战速决，陈士榘命令把待命打援的华野3纵第8师和第9师的一部投入攻城作战，与10纵一起攻城。3纵第8师原为山东野战军的直属部队，被昵称为“陈毅司令员袖子里的小老虎”，是华东野战军中赫赫有名的主力部队。此次增援10纵，并且担任攻打泰安最重要的西城关和嵩里山据点，可以说是主攻方向。

24日黄昏，对泰安的总攻击开始。3纵8师开始攻打嵩里山阵地。这里有国民党军的一个营守备，易守难攻，在此前华野攻击部队屡次受挫。此次攻击，陈锐霆特种兵纵队的榴弹炮大发神威，105毫米口径的美式榴弹炮对嵩里山展开的密集的炮击，这是解放战争以来，华野部队首次对敌进行如此大规模的炮击。国民党军毫无防备，一下就

> 鲁南战役结束后，陈毅在缴获的敌坦克上留影。坦克下方右为张云逸。

< 泰安战斗中，我军机枪手扫射反扑之敌。

吃了大亏。国民党军防守嵩里山的一个营几乎被炮火打得抬不起头来。3纵仅用30分钟就占领了嵩里山，全歼守军1个营。

随后，10纵及3纵8师开始对泰安城发起攻击。榴弹炮团在攻城中继续大发神威，炮击的范围、密度、杀伤力都出乎国民党军的预料，开创了华东野战军攻城战炮击的先例，为今后的攻城作战积累了宝贵经验。经过2昼夜的激战，到26日7时，华野终于全歼泰安守军整编第72师师部和2个旅，俘虏中将师长杨文泉以下1.5万余人。杨文泉在被俘后表示："你们有这么多的大炮，完全出乎我们的预料；你们的炮兵火力组织这么好，步炮协同这么好，更是我们没有想到的。"

10纵和3纵攻下泰安后，原待命打援的1纵南下，攻克宁阳，歼灭部分国民党军。10纵随后又向肥城地区扩大了战果。

在攻打泰安过程中，杨文泉多次向附近的国民党军求救，但各路国民党军就是按兵不动，整编第75师和整编第85师距离泰安仅有一天的路程，但他们强调稳扎稳打的作战方针，眼看着整编第72师被歼也不来增援。粟裕最初拟定的围城打援方针虽然没有实现，但泰蒙战役，华东野战军歼敌1万余人，俘虏1.4万余人，共计2.4万余人，打击了敌军的有生力量；缴获榴弹炮4门，其他火炮33门，还有各种大量武器弹药，并收复了泰安、宁阳等10余座城市及鲁西广大地区，为尔后的作战行动奠定了良好基础。

国民党整编第72师师长杨文泉

四川兴文人。国民党陆军中将。黄埔军校第二期毕业。国民党军第181旅补充团连长、营长、团长等职。后升任蒋介石侍从室参谋。抗日战争时期，任第54军50师师长、副军长等职。抗日战争胜利后，任天津警备司令，72军军长，整编第72师师长等职。1948年，在泰蒙战役中被解放军俘虏。

> 泰安战斗中、我军缴获的国民党整编第 72 师的美造卡车。

92809

❶ 我军某部向守敌发起攻击。

②

③

④

⑤

❷ 我军某部组织干部进行敌前侦察。
❸ 我军某部正日夜兼程向前线进军。
❹ 我军某部急行军，追歼逃敌。
❺ 我军某部向敌阵地发起冲锋。

陈士榘

(时任华东野战军指挥部参谋长)

莱芜战役后，中央军委根据敌重兵逐步集中到山东战场的情况，于3月6日对华东战场的作战方针作了指示：“但考虑行动应以便利歼敌为标准。

不论什么地方，只要能大量歼敌，即是对于敌人之威胁与对友军之配合，不必考虑距离之远近。

转入外线之时间，现亦不必顾虑”，“对敌津浦集团北进不要阻止，让其进至泰安一线，于我最为有利”。

陈毅、粟裕和谭震林等华野领导，根据中央军委的指示精神，面对敌人大军压境，始终保持冷静，要我们多方侦察，掌握敌情变化，研究提出各种歼敌作战方案，并以实际行动创造有利战机。

——摘自：陈士榘《孟良崮战役》

★★★★★

粟　裕

（时任华东野战军副司令员）

……在山东、华中两路野战军靠拢后，10月1日陈毅同志在向军委报告作战部署时即提出："华野、山野统一指挥"，"在军事上多由粟下决心"。

我长期在陈毅同志领导下工作，对他十分尊敬和钦佩，在他领导下心情很舒畅。

现在中央、陈毅同志要我担负这个重责，我决心竭尽全力地挑起这副担子，当好陈毅同志的助手，使陈毅同志用更多的力量抓全局。

——摘自：《粟裕战争回忆录》

第四章

运动中觅战机

★★★★★

∧ 孟良崮战役旧址。

华野再将主力撤至莱芜、新泰、蒙阴以东待机，诱使国民党军放胆前来。蒋介石认为这是共军无奈溃避。陈诚密令顾祝同改“稳扎稳打”为“稳扎猛打”。
汤恩伯立功心切，不待王敬久和欧震兵团统一行动，急令所属8个师向沂水、坦埠进击。张灵甫孤军突进，整编74师一头扑向坦埠。

1. 此消彼长

虽然华东野战军取得了泰蒙战役的胜利，但未达到充分调动国民党军主力三大兵团的目的。陈诚、顾祝同指挥国民党军三大兵团主力继续向蒙阴、新泰地区进攻。他们的作战部置是：位于南侧的第1兵团以临沂为基地，逐步从南向北推进；位于西方、西南方向的第2、第3兵团从泗水方向逐步向东推进，进攻新泰、蒙阴等地，企图把华东野战军压迫向胶东半岛，直逼滨海地区，尔后在半岛一隅展开决战。因此，国民党军按照既定部署，稳步推进，即使泰安失守也不为所动。陈诚、顾祝同以为，华东野战军的根据地和大后方都在沂蒙、在胶东，不可能越过津浦铁路。就是打下泰安，最终还是会撤回沂蒙山区，所以只要稳扎稳打，就会逼得华东野战军无路可走，只有与之决战。

因此，当华东野战军在对泰安展开猛攻的同时，国民党军也没闲着。国民党军整编第11师由仲村、水沟方向向华东野战军9纵的阵地天台山、黑山方向进攻；第5军攻下泗水地区，准备进攻蒙阴；整编第25、第65师由费县向北进攻，直扑华东野战军8纵的阵地；整编第74师向青驼寺地区展开进攻；整编第64师也进至邹县以东、泗水以南地区。

华东野战军在攻打泰安的同时，按照既定部署，准备引诱国民党军救援，一方面防止第5军向西开进泰安，一方面拟相机歼灭整编第11师。于是华野把它准备打援的4个纵队全部调动起来，其中第4纵队位于新泰东南的汶南地区布防；第6纵位于新泰以西的谷里、羊流店地区；第9纵位于蒙阴地区，并控制外围的白马关、观山等一线阵地；第8纵南下鲁南，先头部队进至上冶。当8纵进至上冶地区时，与敌整编第25师相遇，随即向北撤退到桃圩附近及紫锦关两侧，占领高地并在此阻击敌人。

4月20日至27日，华东野战军各部与国民党军在各条战线上展开激战。在东起云蒙山的界牌，西至观山的一百多里的战线上，华野几大纵队与整编第11师、整编第74师等10余万国民党军昼夜血战，其中在云台山、天台山、黑山、紫锦关等地的战斗尤为激烈。这种两军对垒、硬碰硬地对攻对守的传统战法，是华野最不愿意采取的战法，因为在这样的阵地战中，无法达成运动战，集中优势兵力歼灭敌人的目的。因此，在战斗中华野未能打开被动的局面。至4月27日，整编第74师先头部队进占界牌；整编第11师占领了白马关、大皇山一线；第5军也由北面攻下石莱、放城到三门和龟山阵地；整编第25师攻占了紫锦关阵地。可以说在这一时期，国民党军虽然丢掉了泰安，但其三大兵团均按预定作战计划向华东野战军步步推进。

面对国民党军的咄咄气势，华东野战军决定避其锋芒，主动让出新泰、蒙阴，各纵队全部东撤休整。当时粟裕也曾想让攻击泰安的各纵队东撤到垛庄、界牌地区，

V 泰蒙战役中，被我军击落的敌机残骸。

围歼整编第74师，但因第5军从北面攻来，整编第11师占领了白马关，所以只得放弃这个计划。

虽然华东野战军"初耍龙灯"未获全胜，国民党军十分顽固地坚持既定的作战方针，并未按华野的计划去调动部队，没有受华野的"摆布"，还在各条战线上取得了一定的优势。但是粟裕坚持继续同国民党军"耍龙灯"，坚持在运动战中歼灭敌人。虽然在一些地区暂时失利，但只要主力部队尚存，华野就仍有机会打败敌军。

此时，国共双方在山东地区的态势是这样的：一方面，华东野战军攻下了泰安；一方面，国民党军主力三大兵团占领了新泰、蒙阴等地。整个局势对华野仍然是极其不利的。从国民党军的部署来看，至4月28日，整编第74师控制了界牌、蒙阴地区；整编第65师占领了垛庄；整编第83师占领了双侯集、青驼寺地区；整编第25师占领了桃墟及其以西山区；第7军和整编第48师占领了河阳、汤头地区。国民党军对华东野战军的包围圈在逐渐缩小。

2. 再舞龙灯

面对这种不利局面，粟裕经长时间的思考，认为目前国民党军的进攻可谓中规中矩，步步为营，无懈可击。华东野战军只有继续坚持原来的方针，大范围的穿插，在运动中调动敌人，才有机会形成局部的优势，达到歼灭敌人的目的。因此，4月29日，粟裕调集华野4个纵队向桃圩、青驼寺地区的敌整编第83师进攻，拟把汤恩伯兵团分割开，重点攻击其一部。具体的行动是这样的：当晚，华野副政委谭震林率第2、第7纵队攻击整编第83师，并派出1个师到青驼寺南部建立防线，以对付从临沂、葛沟地区来支援的敌军。华野第9纵队攻击垛庄、界牌沿线的国民党军；第4纵队迅速占领尧山、天马山、塌山、界牌等地的战略要地，准备打击蒙阴方面来支援的国民党军。此次战斗中，第8纵队担任总预备队。华野第2、第4、第7、第9纵队按照野司的部署分头出击，于4月30日晨占领了垛庄、孙祖、双侯集一线阵地。但是，国民党军警惕性很高，一经与华东野战军主力接触，就立即收缩，退守到蒙阴至临沂公路以西的地区，仍然采取步步为营的行动，即使有部分部队伤亡也不为所动。4月30日下午，华东野战军第7纵队于北爱玉湖南部地区歼灭了正在向南撤退的整编第83师第19旅一部，随后继续进攻青驼寺。当日，华野2纵于青驼寺东北地区歼灭整编第83师第44旅搜索营一部。华野4纵攻下了界牌，逼近整编第25师控制的桃墟地区。华野9纵攻下了塌山、黄崖山等阵地。战至5月1日，华野7纵在青驼寺南磨石沟地区歼灭整编第83师第44旅第1团。当晚，华野2纵攻占青驼寺以东的高地，歼灭国民党第63旅的两个营，并在刘家河町包围了一个团的国民党军。虽然华野在局部地区对整编第83师形成包围，但由于国民党军相互阵形较密，收缩及时，各部队迅速靠拢；同时，增援迅速，第7军及整编第83师余部全力增援被围部队，第5军从北面向新泰逼近，有“围魏救赵”之功。粟裕发现，如果照此发展下去，有可能会腹背受敌，因此，命令参战部队停止进攻，收兵东撤，再觅战机。此次战斗，华东野战军共歼灭国民党军整编第83师1个半团共3,000余人。

向南打不成，粟裕立即把目光转向西。国民党军整编第11师刚刚攻下新泰，立足未稳。5月3日，粟裕急调3纵、4纵等四个纵队攻击新泰，并于当日晚间对整编第11师形成了包围。当国民党军发现华东野战军的这一行动后，即命王敬久兵团迅速增援整编第11师，该兵团主力第5军从楼德、天宝岩地区东进，准备与整编第11师东西呼应，打通新南公路，同时以“围魏救赵”之效解整编第11师之围。5月4日，敌第5军与华野第1纵队激战一整天。面对国民党军两大主力东西对攻，粟裕感到，继续打下去会形成僵局。5月4日夜，华东野战军主动撤围，放弃围歼整编第11师的计划。

∧ 时任华中野战军政治委员的谭震林在作形势报告。

那么，为什么当华东野战军用4个纵队围住敌人，却又最后放弃了呢？因为在与整编第11师的几次交手后，粟裕发现了胡琏这个人最大的特点——善于自保。正如毛泽东主席评价的，胡琏是“狡如狐”，非常的谨慎。在与解放军多次交手后，胡琏总结出一整套对付解放军进攻的办法。例如在防御阵地上，构筑子母堡，进可攻，退可守；在战术上，采取“大纵深的弹性防御”，即加强大本营周围的移动警戒，通常以一个前哨连在村前游动不定，迷惑对手，使之扑空，一经接触即迅速后撤。与之相应的，整编第11师村落防御的重点不在村外而在村内，以村中心为核心，沿街构筑无数地堡，核心阵地外围鹿砦多至3层，不仅能阻碍进攻，更主要的是诱使解放军冲锋部队进至鹿砦前沿后进行突然的火力杀伤。当受到的攻击比较猛烈，整编第11师会全部收回去；当解放军攻击无效或攻击乏力时，国民党军一下子就来个反冲锋。解放军面对一般国民党军部队的防御作战时，突破了村沿强固工事即基本获胜，而面对整编第11师的防御时，却与此有本质不同，突破村沿仅仅是战斗的开始，更艰苦的战斗还在后面。解放军巷战时，善于用炸药包先爆破房屋，然后突击组迅速冲锋，一般国民党军先被炸得魂飞魄散，随后非降即跑。针对解放军这一战法，胡琏则利用小分队实施特别反突击的战术。当解放军爆破组把房屋炸开后，突击组一冲锋，就遭到整编第11师守军小分队有组织的火力射击和反扑。小分队由两三个人组成，全部配备冲锋枪和卡宾枪，两三个小分队在解放军实施爆破后同时出击，从不同方向对准爆破口集中火猛烈射击，解放军突击小组几乎无一幸免，大都死伤在突破口，章逢集之战就是最好的例子。面对整编第11师的防御能力，面对谨慎小心的胡琏，粟裕明白这一战不会轻易解决，因此，被迫做出撤围的命令，把到嘴的“肥肉”又“吐”了出来。

章逢集之战

1946年10月3日，晋冀鲁豫解放军对鲁西南章逢集地区的国民党军整编第11师11旅阵地发起攻击。因不熟悉敌军的战术特点，加之战地雨后积水，致使解放军第7纵队一部虽于5日晚间突入第11旅32团阵地，但突入部队与外界联系却被切断。战斗一度形成僵持局面。6日黄昏，第3、7纵队各一部又攻入敌阵。7日上午，国民党军第11旅32团和配属特种兵除200余人逃脱外，其余全部被歼。

3. 回师鲁中

粟裕指挥华东野战军10个纵队，一连多日未打一个成规模的歼灭仗，这让粟裕也不禁有些焦急。1947年5月初，粟裕与陈毅反复协商后，提出了一个大胆的设想，为了调动国民党军改变密集队形，派几个纵队南下，佯攻鲁南，直击苏北，逼蒋介石分兵回撤，再在运动中歼敌。具体的作战计划是：拟派第1、第6纵队南下，插到鲁南地区，协助鲁南军区部队恢复根据地；派第7纵队移师到莒县附近，准备南下苏北，威胁国民党军的后方，吸引他们回师或分兵，以创造战机。粟裕随即把这个方案上报党中央、中央军委。

毛泽东等中央领导对粟裕的方案进行了认真研究，明白华东野战军有些着急，有点沉不住气了。在这一重大关头，毛泽东非常理解粟裕他们急于歼敌的心情，也明白粟裕身上的压力，所以应该为他们减轻压力了。经过对山东战场的整体分析后，5月4日，中央军委、毛泽东主席指示陈毅、粟裕：

敌军密集不好打，忍耐待机，处置甚妥。只要有耐心，总有歼敌机会。你们后方移至胶东、渤海，胶济线以南广大地区均可诱敌深入，让敌占领莱芜、沂水、莒县，陷于极端困境，然后歼灭，并不为迟。惟（一）要有极大耐心；（二）要掌握最大兵力；（三）不要过早惊动敌人后方。

5月6日，中央军委又指示：

目前形势，敌方要急，我方并不要急。……第一不要性急，第二不要分兵，只要主力在手，总有歼敌机会。凡行动不可只估计一种可能性，而要估计两种可能性，……凡在局势未定之时，我主力宜位于能应付两种可能性之地点。

除指导原则外，中央军委还对具体的方案提出了建议：

你们……装作向河北退走模样，使敌发生错觉……让敌放心前进，又使敌完全不知我主力所在，当此时机好打则打之，不好打则以主力转入敌后，局势必起变化。

5月8日，再次来电指示：

不性急，不分兵，不去扰敌后路，让他放手前进。你们则集中主力于距敌较远地点（不要天天接触），必能找到歼敌的办法。

中央军委的这些电报，清晰地告诉华东野战军不要急，不要慌，并具体指点他们应该如何作战。其实粟裕是非常理解毛泽东军事思想的，毛泽东主席曾多次指点他，要辩证地看待战争，要把战略上的藐视敌人与战术上的重视敌人结合起来；把革命战斗精神和热情与科学精神结合起来；把作战指挥的计划性与灵活性结合起来。绝不打无把握之仗，初战必须要慎之又慎。坚决避免一战定输赢，更不能通过决战来决定国家、军队的命运。战争要建立在可靠的基础上，不战则已，战必胜之。不能把打仗当作赌博，要有应付困难的勇气，无往不胜的气概，但不能盲目冲动，意气用事，逞匹夫之勇。

< 我军南下时在沂蒙山区行军。

就毛泽东一生的军事指挥而言，他特别强调，为了全局的利益，可以牺牲局部的利益，可以让局部去承担一些风险。比如“千里挺进大别山”，对“刘邓大军”而言，自然是有风险的，但对全局而言，却又是必须的。但如果从全局而言，如果全都去从事毫无把握的冒险，那是绝对不允许的。毛泽东强调，不能赌博，冒险必须是在知己知彼的情况下的大胆决断，而不是盲目去试。

所以当华东野战军在几番调动敌人，而敌军仍不上当的情况下，决定南下攻击敌后方，在毛泽东看来就是一种赌博，是一种冒险，所以他不同意华野南下的方案，更不同意派兵去苏北的方案。因此，他在电报中一再告诫粟裕，“不能性急”，“不能分兵”，“不要扰敌后路”。那样做只是一种赌博，是没有把握的。而毛泽东作出这些指示时，正亲率一支800人的队伍转战陕北。

华东野战军接到中央军委的电报后进行了认真研究。正所谓“当局者迷，旁观者清”，毛泽东主席的电报一下子让焦急中的野战军领导冷静下来，粟裕一下子明白了其中的关键。他深知，毛主席一向强调，在战争情况不明朗时，高超的战略指挥不是去孤注一掷的冒险求胜，而是冷静地分析，周密灵活的部署。情况越复杂，越不能冲动，不能迷失方向，而是要正确地分析判断战场的走向，判断战局的基本发展，多设想几种可能性。对所有变化都设想到，不要急于下结论，要冷静地观察，灵活的指挥。

在理解了毛泽东的思想后，粟裕明白，党中央需要打胜仗，但更需要他们保存实力，绝不能有不必要的伤亡，更不能做出会损害全局的行动。所以，他立即取消原来的作战计划。5月8日，他命令已挺进到平邑以南地区的第6纵队，不再以牵制国民党军为主要任务，也不须采取积极行动，而是隐伏在鲁南敌后待命，必要时可作为一支奇兵使用。同时，考虑到昌潍之敌筑城很久了，王敬久兵团和第二“绥靖”区增援起来也很方便，因此决定放弃北攻昌潍计划。考虑到鲁中的敌军正在向前推进，可能会出现战机，特别是鲁中地区多山，地形很复杂，道路狭窄，既不利于重装备的使用，可让国民党军丧失装备优势，又有利于华东野战军隐蔽集结、寻隙穿插。这一地区群众基础好，还有较强的民兵组织，能严密地封锁部队行动的消息。因此，粟裕决定把主力部队全部集结于鲁中地区，在莱芜、新泰、蒙阴一线摆开战阵，准备歼敌。这一方案的作战地点在鲁中地区，可南征，可北战，正符合毛泽东提出的“我主力宜位于能应付两种可能性之地点”的要求，因此，中央军委同意了这一部署。

< 1947 年毛泽东在转战陕北时，仍在指挥全国的解放战争。这是他在陕北农民的窑洞里看军事地图。

4. 战前解疑

1947年4月初至5月初，先后一个多月的时间里，华东野战军连续发起了4次作战行动。但由于国民党军坚持稳扎稳打，三大兵团你挨着我，我靠着你，步步为营，不管华野怎样调动，都不为所动，始终保持队形，一步一步地向前推进着。在此期间，华野先后放弃出击郯城、马头、新安镇；放弃打击进犯临蒙公路之敌，撤除了对新泰之敌的包围；4个纵队出击桃圩、青驼寺，已包围了整编第11师，又主动放弃；又后退一步回师鲁中。这一个月中，华东野战军转战1,000多公里，同国民党军"耍龙灯"，粟裕的彩球挥舞，时南时北，忽东忽西，有进有退，既打又撤，像长龙一样左右回旋，上下翻滚。但是，这一个月中，虽然打过几仗，消灭了一些国民党军部队，并且攻下了泰安，但始终未能歼灭国民党军主力部队，大规模的歼灭战始终未能打成。

部队南征北战，长期没有打大的歼灭战，官兵的心里都不痛快，一时就有了种种议论，战士们也发起了牢骚，说什么："司令员的电报嗒嗒嗒，小兵的脚板嚓嚓嚓。"埋怨司令部一个电报，部队就行军几百里，却又无仗可打。

粟裕感觉到了部队中的不稳定情绪，回师鲁中后，他及时召集会议，澄清大家的忧虑，解释了部队的战略意图。粟裕指出，"党中央、毛主席早已指出，在敌强我弱的形势下，要避免与敌蛮干，要集中优势兵力歼灭敌人。而当前敌强我弱的态势并未改变，蒋介石几十万大军兵临山东，就是想和我们决战。而处于劣势的我们要避免与他硬拼，只有依靠运动战，在运动中调动敌人，找准机会就狠狠地给他来一下子。这一个多月的行动中，虽然我们的部队始终在调动，但我们始终处于主动，充分利用了在解放区腹地作战的有利条件，用高度机动回旋的方法来调动和迷惑敌人。虽然我们未与敌人打大规模的战役，但敌人也是如此，进入山东一个月，他们一直也未以与我主力战斗，他们也是每日行军，有时围绕一个地方转来转去，对于劳师远征的国民党军而言，他们比我们更苦。而通过这些积极的行动，我们有两大收获：首先是摸清了国民党军各部的心态。虽然蒋介石的战略意图是想尽快在山东战场与我们决战，但从战区指挥员的行动来看，他们却是尽量避免与我决战，或是尽量

∧ 抗战时期的粟裕。

想与我们晚决战。他们是想依靠强大的兵力优势，压逼我军撤向黄河以北或退到胶东背海一隅，至少是想等待我军被拖疲惫后再同我决战，以为这样可以保存实力，又能立下军功。所以，国民党军一与我接触，立即就收缩靠拢，主要是为求自保。甚至对非嫡系部队见死不救，比如在攻打泰安时，国民党军整编第75、第85师距泰安仅一日路程，但却没有增援。从国民党军各部的心态上，就暴露了他们的一大弱点，即战略上速战速决的要求与战术指挥上的保守、犹豫、谨慎的矛盾十分突出。这一矛盾反映到国民党军各部，就会使他们在与我军作战时，态度、决心、行动速度都会产生差异，各有各的理解，各有各的打法，在作战上必然难以形成真正的协调一致。同时，国民党军内部嫡系与非嫡系、主力与非主力、中央军与地方军、上级与下级之间都有种种历史形成的矛盾，更非短时间可以弥合的，这会让蒋介石期望的集中统一、步调一致变成泡影，反而能为我军所用。”

粟裕告诉大家，“这第二个收获是什么，就是我们通过运动，创造的战机。”粟裕说：“任何作战行动都不是孤立的，创造战机与出现战机是因果关系，没有前者就没有后者。两军相遇，都要争取主动，力避被动。以为战机可以靠‘守株待兔’得来，那是违背战争规律的。而华东野战军这一个多月的行动，就是一个创造战机的过程。通过千里转战，通过几次打打撤撤，不仅在一定程度上消耗了敌人，而且大大迷惑了敌人，使其无法摸清我军的意图，也了解不到我们的实力，这样就会造成他们错误的判断。当敌人犯了错误时，就标志着我们的机会来了。战机不是自然而然地出现的，而是通过我们正确的指挥，广泛地机动、调整，诱使敌人因应而动，从而创造出战机的。我相信，经过我们这一时期的调动，特别是回师鲁中，肯定会让蒋介石作出错误的判断，敌人的行动肯定会有所变化，而我们的机会马上就会出现了。”

通过粟裕的深刻分析，华东野战军的广大官兵明白了粟裕的作战意图，坚定了信心，也增强了耐心。全军上下一致准备迎接即将出现的最佳战机。

事实正如粟裕预料的一样，经过艰苦的努力，粟裕期盼已久的战机终于在他的反复调整下出现了。

< 抗战时期的粟裕。

❶ 我军某部正在向敌军发起攻击。

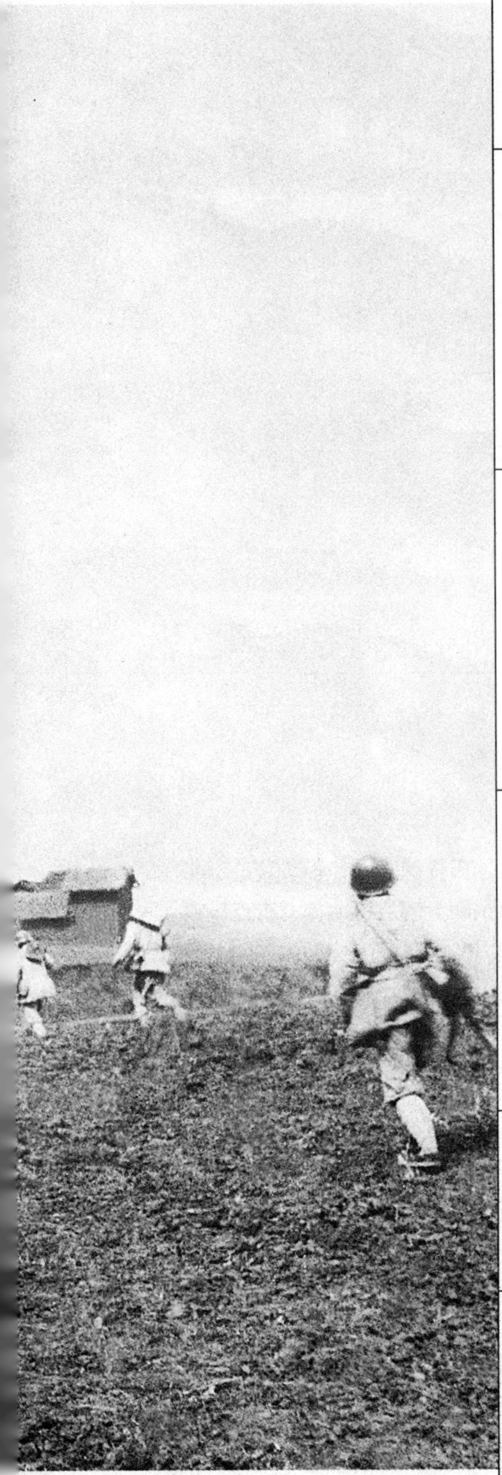

②

③

④

⑤

❷ 我军突破守敌防线向纵深冲击。
❸ 我军某部与游击队胜利会师。
❹ 我军战士正翻越雪岭。
❺ 我军登上城垣，向城内突击。

张　震

(时任华东野战军第2纵队副司令员)

蒋介石的“全面进攻”破产后，从1947年3月起，在晋冀鲁豫、晋察冀、东北等战场上转为守势，集中94个旅的兵力，向我陕北、山东两大解放区实施“重点进攻”。

其中，进攻山东解放区的兵力为60个旅，占其重点进攻总兵力的三分之二。

在国民党陆军总司令顾祝同亲自指挥下，组成汤恩伯、王敬久、欧震3个野战兵团，连同其他一些部队，共约45万人，向鲁中山区扑来。

如何迎击敌军的重兵集团，创造与把握战机，打更大规模的运动战、歼灭战，是我华东野战军的首要任务。

从4月初到5月上旬，我军往来机动，但始终未能找到战机。

我2纵先是同7、8纵组成左翼集团，在谭震林副政委指挥下，南下郯城、马头地区作战，迫近陇海铁路，以调动敌人，同时还考虑了直出华中的作战预案。

但敌人发觉了我们的行动，迅速增加了陇海线的兵力。

这样，野司遂决定改变南下计划，以1、3、10纵组成西线兵团，向西攻击泰安，我左翼集团则北上转至临（沂）蒙（阴）公路，进行运动防御。

——摘自：《张震回忆录》

★★★★★

粟　裕

(时任华东野战军副司令员)

从4月初到5月初是一个创造战机的过程。

我军放弃出击郯城、马头、新安镇；放弃打击进犯临蒙公路之敌；撤了对进占新泰之敌的包围；以及回师鲁中等一系列行动，不仅在一定程度上消耗了敌人，而且大大迷惑了敌人，促成了敌人的错误判断。

果然，蒋介石及其参谋总长陈诚误认为我军“攻势疲惫”，已向淄川、博山、南麻、坦埠、沂水、莒县之线退却。这样，5月中旬战机终于出现了。

战机不是自然地出现的，而是通过我军的指挥得当，广泛机动，诱使敌人因应而动创造出来的。

——摘自：《粟裕战争回忆录》

第五章

猛虎掏心

★★★★★

∧ 1947 年 5 月，蒋介石与陈诚（后左）及时任国民党空军总司令的周至柔在南京合影。

粟裕接到截获的汤恩伯的电报，判明蒋军的目的就是要端掉华野的指挥中心。
粟裕决定一改往昔避重就轻的惯例，以中央突破对中央突破，以“猛虎掏心”的战法吃掉整编第74师。
陈毅赞同粟裕的意见，决定“在百万军中取上将首级”。
战役决心已定，成败在此一举。

1. 蒋介石错误判断

华东野战军根据中共中央、毛泽东主席的指示，把主力部队主动后撤到鲁中地区集中待机，大部集结于莱芜、新泰、蒙阴以东一线。而面对华野一个多月来的数次行动，国民党军也着实摸不着头脑。他们一边按照既定的方针稳扎稳打，一边也在根据解放军的行动判断最终的意图。在解放军的频繁调动中，国民党军终于作出了错误的判断。

1947年5月中旬，当华东野战军撤出莱芜、新泰等地，特别是当国民党军占领了山东解放区政府首脑机关所在地临沂后，国民党军感到这恐怕不像是佯动，认为华东野战军已经无路可走了。

蒋介石在陈诚的陪同下，亲赴临沂视察，并召集了作战会议。会上，蒋介石对与会的国民党军山东战区三大兵团的高级将领们说：“胡宗南占领了延安，你们夺取了临沂。我们在两大战场都取得了主动。从形势上看，山东共军已是攻势疲惫，全线撤退，连山东解放军政府的老窝临沂都不要了，充分说明了这一点。现在战场的形势变了，下一步的战法也要变，以前是‘稳扎稳打’，防止共军各个击破；现在要改成‘稳扎猛打’。要猛打，集中兵力围歼陈、粟主力于沂蒙山区，一举消灭山东解放军。”

在这次会上，陈诚根据蒋介石的指示，传达了作战计划。陈诚宣布：“各部调整进攻部署，全线推进到莒县、沂水、悦庄、淄川、博山一线，围歼陈、粟主力于沂蒙山区。”

在同样的战场胶着状态中，在同样的最高指挥层面上，我们从蒋介石的这一举措中，立即就可以与毛泽东的军事指挥进行一下对比。蒋介石总是喜欢靠前指挥，亲力亲为，喜欢从他自己的角度出发，去指挥现场的战术问题。古人云，“将在外，君命有所不受”。而蒋介石根本就是不给自己的将领以自主权，事事喜欢干涉，让国民党军一群身经百战的

< 时任国民党军第1兵团司令的汤恩伯。

将军像个士兵一样的毫无主动权。反观毛泽东，他只是在战略的层面上进行指导，虽然这里有交通工具的问题。但毛泽东一般很少干涉前方将士的指挥权。他只是在大的战略问题上给前方将士把关，如反复强调华东野战军“不要急”、“莫分兵”等，但在战术问题上，他总是让前线指挥员自己根据实际情况，便宜行事，只是经常提一些建议性的方案，还明确表示要根据实际再确定，要实事求是，充分相信前线将领，给予他们自主权。从这两点的对比上可以看出，两军还未打大仗，从最高指挥部的层面上，解放军就已经胜过国民党军了。

在蒋介石的指挥下，一向持重的顾祝同也不得不按照“老头子”的部署，决定以积极的行动“跟踪追剿，迅速进击莒县、沂水、悦庄、淄博一线”。他命令第1兵团主力进占坦埠、沂水一线；第2兵团主力向博山、张店方向进攻；第3兵团集结在新泰、蒙阴地区，待第1、第2兵团得手后，再向东进攻，以实现其在鲁中地区或胶东地区与华东野战军主力决战的目标。国民党《中央日报》把国民党军的这一计划欢呼为“雄师北指，气吞沂蒙。”此时国民党方面谁也没有想到，沂蒙未吞下，一颗苦果却在等他们吞。

在蒋介石的督阵下，陈诚、顾祝同调整部署，国民党军三大兵团一时“全线出击”，原来密集靠拢的态势很快就发生了变化。而这其中，最为积极的就是汤恩伯指挥的第1兵团。

而汤恩伯的积极性是与他一贯的好大喜功分不开的。汤恩伯，浙江武义县人，日本士官学校第十八期步科毕业，因与蒋介石是同乡，又都是日本军校培养出来的，所以深得蒋的信任。

早在3月底的国民党军作战会议上，汤恩伯就口出狂言：“本人同共产党打了20多年的交道，专会克制其山大王战术。什么叫山大王战术？就是你不打他，他就跑出来捣乱；你一打他，他就钻到山沟里去了。他们不久前在莱芜占了便宜，但并不能说明他们了不起，了不起的部队是不会钻山沟的。我更没有李仙洲的雅量，既不会手软，更没有便宜好送，我要给陈粟一记铁拳。”当然，事后的情况证明，汤恩伯既没有送出铁拳，还送上了更大的便宜。

现在，蒋介石判断山东解放军已成疲态，要求各部“稳扎猛打”。面对这种露脸的机会，汤恩伯这种人自是首当其冲，指挥第1兵团立即全线进攻。命令整编第74、第25师于5月11日向垛庄、北桃圩地区北进，限于12日攻克坦埠；命令第7军、整编第48师各以一部由葛沟、汤头地区续向夏庄、苏村、界湖一线搜索，策应整编第74师等部的行动，主力集结于葛沟、汤头地我待命；命令整编第83师为兵团预备队，以一部向界湖、马牧池一线搜索，保证整编第74师右侧的安全，主力位于青驼寺地区；整编第65师担任蒙阴城防，并掩护整编第25师的左侧安全。

一时之间，国民党军全线出击，原来密集靠拢的阵形也发生了变化，粟裕期盼已久的战机终于出现了。

2. 解放军目标初定

华东野战军主力东移至蒙阴东北地区集结后，粟裕考虑，如果国民党军大胆前来，就视机集中华野主力择其一路歼灭之；如仍密集靠拢，龟步前进，就准备再后退一步，以攻取潍县为饵，诱歼援敌。

在蒋介石的督战下，国民党军就按照粟裕的第一个判断来行动了。特别是汤恩伯行动积极，第1兵团主力即直接向华东野战军开来。

5月10日，按照汤恩伯的部署，其兵团右翼第7军和整编第48师率先出动，企图占领沂水城。

V 桂系将领夏威曾担任国民党军第7军军长。

沂蒙山革命根据地

又名山东革命根据地，是中国共产党在战争年代创建的革命根据地之一。根据地创建于抗日战争初期，以沂蒙山区为中心，由山东大部与河北、江苏一小部分组成，总面积约30万平方公里。在抗日战争和解放战争时期，这里成为联系华北与华中两大战略区的纽带。

沂水位于鲁中南部地区，属沂蒙山的腹地，地理位置十分重要，是沂蒙革命根据地的中心地带。

敌第7军主力集结于汤头待命，整编第48师主力集结于莒县东南之陵阳待命。他们的主要任务就是抢占沂水，挤压华东野战军，配合第1兵团主攻部队整编第74、第25、第83师扫荡蒙阴、沂水地区的华野主力。第7军和整编第48师都不属中央军嫡系部队，而是桂系李宗仁、白崇禧的主力部队。汤恩伯之所以放心地让这两支桂系部队担任兵团的右翼，是有他的道理的。

桂系第7军，号称"钢7军"，是桂系的起家部队。1924年，李宗仁、白崇禧、黄绍竑在军阀混战中脱颖而出，统一了广西省的军政事务，是为"新桂系"的发源。不久，即加入了国民党，所属广西部队编成北伐军第7军，下属7个旅，总兵力两万人。这就是第7军的初建。随即，第7军出兵北伐，由广西一路打到山海关，建立了显赫战功。几乎所有的桂系高级军官全部出于该军，李宗仁、白崇禧、夏威、张淦、李本一等桂系大佬都曾先后出任过该军军长。北伐后，第7军扩编为第4集团军，兵力达到40余万，是桂系成为国民党四大派系之一的本钱。蒋桂战争中，第4集团军溃败，惟有第7军退回了广西。抗日战争时期，第7军投入淞沪等战场，在对日

中央军

国民革命军中以蒋介石为首的国民党中央及其中央政府直接控制和指挥的军队。中央军的前身是以黄埔军校教导团为基础的国民党军，后编为国民革命军第1军，蒋介石担任首任军长。北伐战争时期，北洋军阀部队和各地地方实力派系军队大量涌入国民革命军中。蒋介石以各种手段瓦解和吞并其他派系军队，扩充自己的军队，使得中央军成为国民革命军中势力最大的一个派系。1949年，中央军大部被歼灭，余部退往台湾。

灵璧攻坚战

1946年7月中旬，国民党第7军171师由安徽固镇地区向苏皖解放区重镇灵璧进犯，遭到华中野战军第9纵队的坚决反击。16日，国民党军偷袭大山得手，揭开战役帷幕。18日8时，国民党军继续向灵璧城进攻。由于国民党军在装备上占有优势，加之城外制高点凤凰山失守。解放军守城部队在给予来犯之敌以重大杀伤之后，于19日拂晓主动撤出灵璧。

枣阳战役

枣宜战役的第一阶段。1940年5月，日军向枣阳进犯。8日，枣阳失守。10日，中国军队对日军展开反击，从北、西、南三个方向对日军包围夹击，战至11日晚，迫使日军向枣阳以南收缩。中国军队于16日收复枣阳。日军为打开南退之路，集中兵力对前来堵截的中国第33集团军进行夹击。激战中，集团军总司令张自忠殉国。21日，日军再陷枣阳，并北进至邓县、老河口、樊城一带。中国军队转移到唐河、白河两岸。

国民党军第173师师长钟毅

广西扶南人。国民党陆军中将。韶关讲武堂毕业。参加了北伐战争，任国民革命军第7军第3团团长。1934年入陆军大学受训，后任第31军第138师第414旅旅长、第173师师长，参加了南京保卫战、武汉保卫战、随枣会战等。1940年5月9日，在唐河战役中，因战至弹尽粮绝、官兵伤亡殆尽，自戕殉国。

泗阳之战

1946年9月，国民党第7军171师配合整编第74师向苏皖解放区首府淮阴进攻，华中野战军9纵队奉命阻击，在洪泽湖和运河之间组成三道防御阵地。从9日开始，解放军节节抗击，给予国民党军第171师以重大杀伤。由于解放军兵力不足，未能遏止其攻势。13日，泗阳被国民党军占领。

> 枣阳战役中，壮烈殉国的国民党第33集团军总司令张自忠。

作战中立下了赫赫战功。内战初期，由于李、白等有意保存实力，第7军没有与解放军发生过大的战斗，先后驻扎在皖、鄂等地。但在相互的几次交手中，第7军也显示了很强的实力。其中包括1946年7月的灵璧攻坚战、1946年11月的曹庄守卫战等，特别是1946年9月中旬在苏北泗阳的攻防战斗中，与粟裕所属华中野战军9纵激战8天8夜未落下风，第7军的战斗力给粟裕和华野留下了深刻印象。该军军长钟纪，是桂系名将钟毅的弟弟。钟毅曾是第7军第173师的师长，在抗日战争中英勇杀敌，于枣阳战役中，与日军激战数日后被包围，官兵伤亡殆尽，钟毅自杀殉国，是一名抗日英雄。钟纪曾任第7军第172师师长，该师是白崇禧的起家部队，白曾亲任该师师长。钟纪能当上这样一支部队的军长，证明他是有一定实力的。

整编第48师也是桂系的一支王牌部队。该师虽然历史没有第7军久远，但在桂系的大力扶持下，成为一支能征惯战的部队。该师师长张光玮，是土生土长的桂系军官，曾任第48军第174师师长，第48军军长。抗战胜利，国民党军整编后，出任整编第48师师长。

粟裕以及华中野战军早在苏中地区时，就曾多次与这两支桂系部队交手。对这两支部队评价也很高，认为第7军“地方观念浓厚，反共成见深”、“部队战斗力、

> 华军野战军某部向孟良崮地区挺进。

军官战术素养，比一般蒋军为强。善山地战，能以较小部队，独立作战；但缺乏攻击精神，怕近战、夜战、平原战”；对整编第48师，则认为“该师与我作战较有经验，战斗力较一般国民党部队为强，善于组织运用火力，防御时多着重纵深配备，但怕猛烈炮火、怕消耗、怕骑兵、怕迂回”，“该师中138旅战斗力较强”。总之，这两支部队是仅次于所谓“五大主力”的国民党军精锐部队，特别是广西部队，善于山地作战，在沂蒙山地区作战更有优势。所以汤恩伯才把兵团的右翼交给他们。

钟纪和张光玮作为桂系少壮派军官，也是踌躇满志，很想在蒋介石面前露上一手，让蒋介石瞧瞧桂系的本事。一接汤恩伯电令，他们即命部队北进，将进攻矛头直指沂水城，5月10日下午，其先头部队已进至河阳、苗家区、界湖一带，沂水城近在咫尺。

对于一直苦苦等待战机的粟裕而言，当第7军和整编第48师一出动，就落入了粟裕的视线中。经过一番深思，粟裕觉得战机已至，可以集中华野主力围歼第7军和整编第48师。因为在齐头并进的国民党军各部中，该路位于敌第1兵团阵势的最右翼并且已突出于兵团的序列，成为最前面的一块。若在其继续前进时，出其不意地调集华野主力，一举围歼这两股敌人，把第1兵团的右翼折断，不仅能缓解放军正面战场面临的压力，滞后第1兵团的进攻步伐；而且能够打乱国民党军的整体部署，逼敌改变意图，并能在其被动应付中创造新的战机。

粟裕把他的这一想法向陈毅作了汇报。陈毅完全同意，并说，敌人终于沉不住气了。桂系竟敢率先出击，咱们就打他这个“出头鸟”。

5月10日夜里11时，粟裕把拟定好的作战计划下达华野各部，命令：以第2、第7、第8纵队为主，歼敌第7军和整编第48师于沂水、苏村之间；以第1、第4、第9纵队位于坦埠、朴里、埠前庄地区隐蔽待机，歼灭可能由蒙阴等地东援的国民党军；以第3、第10纵队在莱芜、博山之间地区采取宽大正面防御，相机歼灭北犯之敌；特种兵纵队隐藏集结在东里店、刁村之间地区待命。

5月11日，春夜正浓。随着陈毅、粟裕一声令下，集结于蒙阴、坦埠周围地区的华野第2、第7、第8纵队和第1、第4、第9纵队，十几

> 1941年，粟裕与妻子楚青在苏中地区留影。

万人马，按新的作战计划，分兵数路，在夜色中，向东南方杀将过去。

李宗仁、白崇禧的桂系王牌命悬一线。

3. 大战前改变计划

虽然粟裕制订了歼灭第7军和整编第48师的计划，但凭心而论，粟裕明白，桂系部队就是战斗力再强，毕竟还是杂牌军，歼灭它们无论是从付出上、还是影响上都是不能与中央军特别是蒋介石的嫡系部队相比的，并且这两支部队善于山地作战，和他们作战肯定要拼消耗，并且他们都比较狡猾，重在保存实力，见势不好就跑，很难有大收获，所以并非理想的打击对象。但面对转战千里"耍龙灯"，终于制造出现的战机，又不好轻言放弃，真是鸡肋一般，"食之无味，弃之可惜。"所以，当作战命令下达后，粟裕一面派专人给部队调配充足的弹药，准备以强大的火力保障攻击部队能够把这两部队彻底歼灭；一面密切注视敌情的细微变化，寻找更合适的战机。

而这样的战机还真是让粟裕等到了。

坦埠，位于沂蒙山区的一个山沟里，是沂水和蒙阴之间的一个小镇。这个不起眼的小镇就是华东野战军总部所在地。5月11日，坦埠遭到国民党军的飞机轰炸，粟裕立即命人了解，为何国民党军会对这样一个山沟小镇进行空袭。经查得知，原来国民党军已知道了华东野战军总部机关在此。原因是，国民党军的一个排长被俘后曾被关在这里，他看到这里天线密布，又听周围的人说起"总部"、"总部"的，估计这里是华野的指挥部。后来，他逃跑回到了整编第74师的驻地，报告给张灵甫。这不得不让粟裕想到，既然国民党军已经知道华野总部所在地，会不会直接进犯呢？

5月11日，整编第74师由垛庄经孟良崮西麓向坦埠以南的杨家寨、孤山进犯，与华野9纵发生战斗。当粟裕得知这一情况后，马上引起他的高度重视，他立即想到，这究竟是局部行动，还是新的全线进攻呢？于是，他通知所有的情报部门，日夜密切注意搜集国民党军的行动部署。

就在粟裕急需情报之际，一支特殊部队发挥了关键作用，这就是对外代号"第4中队"的华东野战军司令部技术侦察部队。早在1945年10月组建华中军区、华中野战军时，粟裕就把情报处长朱诚基找来，指示由他负责组建一支技术侦察部队。并亲自出面向中共地方党委、政府写信，选调有文化、政治条件好的好苗子，还派人到上海偷运回一批关键设备。同时，每次打仗都指示作战部队要广泛收集敌人的电台、密码本等。

第4中队一成立，就立下奇功。在苏中战役“七战七捷”中，给了粟裕极大的情报支持，被粟裕称作自己的“千里眼、顺风耳”。

这次，当山东战场态势不明，粟裕急需了解敌军动态时，第4中队又为粟裕献上一份大礼——汤恩伯兵团的行动部署。具体包括：命令以整编第74师为中心；整编第25师、第83师为其两翼；又以整编第65师保障整编第25师侧翼，第7军和整编第48师保障整编第83师右翼。限令于12日（后改为14日）攻占坦埠。收到这一情报，粟裕大为兴奋，除专门打电话表扬“第4中队”外，还特意叮嘱要多给他们发一些猪肉，因为他们长期从事脑力劳动，多吃红烧肉有利于补充脑细胞。至5月11日夜，粟裕已完全查明了国民党第1兵团的部署，也查明了欧震和王敬久两兵团的第5军和整编第11师由莱芜、新泰出动东进。此时，远在陕北的中央军委也向陈毅、粟裕通报，第5军已占莱芜，有向淄博急进的模样。毛泽东也预感到山东战场的局势到了最关键的时刻。他分别于11日、12日电示华东野战军：

应集中兵力，待敌进至适当地点，不失时机发起歼击，首先解决一两个军。

并指出：

根据陕北经验，敌增援能力不大，如有四五十华里间隔，并以有力一部筑工事抗击，可使强大的援军根本不能增援。

毛泽东特别指示：

究打何路最好，由你们当机决策，立付实施，我们不遥制。

中共中央、毛主席的这些指示，既给前线将领提供了好的建议，又给予了充分的信任和主动权。

综合各方面的情报，面对战场形势的微妙变化，粟裕经过冷静的思索，认为尽管国民党军的行动尚未完全明朗，但根据现掌握的情况来看，已经可以判断出国民党军要发动全线进攻了。其部署显然就是以整编第74师为主要突击力量，在两翼和后续强大兵团的掩护下，对华东野战军实施“中央突破”。因为国民党军已经知道坦埠是华野指挥部所

∧ 解放战争时期的粟裕。

在地，所以中央突破的矛头直指坦埠。这从飞机轰炸中可以得知，国民党军企图一举击中华野指挥中心，陷华野于混乱和四面包围中，便于其聚而歼之。此外，国民党军决断如果华野不敢迎战，就可以将其逼压至胶东一隅或赶过黄河。根据这一判断，粟裕决定改变先前制订的歼灭第 7 军和整编第 48 师的作战计划，命令已向东行动的华野各部队重返原地集结，准备以反突破来对付敌军的中央突破。

4. 王牌师终被锁定

从收到汤恩伯的电报起，粟裕就进入作战室站在作战地图前，这是他酝酿大的军事行动前的习惯，也是他一生最大的爱好。由于情况复杂，粟裕在作战地图前一呆就是几个小时。看到粟裕的举动，陈毅知道他正在思考大的行动，专门给其他人下了命令："粟总在地图前构思歼敌方案时，任何人不准打扰！"

经过数个小时的深入思考后，粟裕头脑中的思路渐渐清晰起来，一个大胆的想法形成了。随后，他立即把他的想法向陈毅作了汇报。他首先分析了国民党军当前的行动，并对其作战意图进行了准确的判断。他认为，当前这一形势恰恰为我带来了难得的战机，因为在此之前，国民党军密集靠拢，行动谨慎，一打就缩，很难捕捉。现在，敌军已开始全线进攻，并对我实施中央突破，我应立即改变先打敌第 7 军和整编第 48 师的方案，对敌人实施中央突破来对付他的中央突破，即迅速就近调集几个精锐纵队，趁敌军正在行动，阵形不稳之际，以"猛虎掏心"的办法，从敌军战斗队形的中央楔入，从缝隙中迂回，切断对我当面威胁最大的整编第 74 师与其友邻的联系，并围歼这块硬骨头，将其干净、彻底的消灭掉。

粟裕还把他之所以改变以前先打弱敌的作法，主动与敌王牌军决战的思考向陈毅进行了汇报。多年后，他在回忆录中，回顾了他当时想打整编第 74 师主要是依据以下四点：

第一，歼灭整编第 74 师，可以立即挫败敌人的这次作战行动，迅速改变战场态势，获得最有利的战役效果；若仍打敌第 7 军和第 48 师，考虑到该两支部队非嫡系部队，敌很可能置其于不顾，继续对我实施中央突破，反使我陷于两面作战之困境。整编第 74 师是蒋介石的嫡系王牌部队，全部美式装备，经过美国军官训练，具有相当的指挥、战术、技术水平，是蒋介石的“荣誉军”、“御林军”，如能将其歼灭，将给国民党军实力上、精神上双重沉重的打击，也向敌表明，连整编第74师这样的部队我们都能歼灭，还有什么敌人不能消灭呢？同时，整编第74师也是华野的死敌，解放战争以来，整编74师对华中、华东解放区的进攻中一直充当主攻部队，曾先后抢占我淮阴和涟水。华野多次想寻歼该师，均因未遇到有利战机而未能得手，此次如能将该师歼灭，必将对华野指战员产生极大鼓舞。

第二，先打较为薄弱之敌或侧翼、孤立的敌人，一直是解放军的传统战法，华野作战历程中，亦多采用此种战法。宿北战役可算是一次我军对敌的中央突破，但当时是四路敌军相隔甚远。这次要在敌人重兵集结又有充分准备的条件下，以中央突破对付敌人的中央突破，的确是无先例的。但是，我们不应局限于以往的经验，而应从战场实际情况出发。华野经过8个月的作战，特别是转入内线纵深作战后，连续打了宿北、鲁南、莱芜等战役，战术、技术水平有了很大提高；各级指挥员特别是高级指挥员，积累了大兵团运动作战的经验；华野的武器装备有了很大改善，特种兵纵队已有相当基础，我军火力大大加强，已经具备了围歼强敌的基本条件。而且，敌挟重兵采取中央突破的战法，可能会估计我不是主动后撤就是被打败。我军针锋相对以中央突破反中央突破，并且打他最强的整编第74师，一定能出其不意，攻其不备，必能收到奇效。

第三，从兵力对比上来看，国民党军在进攻山东解放区的总兵力共有24个整编师（军），其中有17个整编师（军）进攻鲁中地区。第一线从莱芜到河阳，在只有120多公里的地段上，敌人密密麻麻，一字长蛇般的摆了8个整编师（军）。位于敌军左翼的第5军、整编第11、第65师和右翼的第7军、整编第48师，多数与整编第74师之间相距仅一至二天的路程，整编第25、第83师与整编第74师相距更近。华东野战军只有9个主力纵队和1个特种兵纵队，国民党军兵力占有很大优势。但是，整编第74师担负中央突破的任务，已进入华野主力集结位置的正面，我军部署不需要作大的调整，即可在局部地区对该师形成5比1的绝对优势。我们可以利用山区地形采取正面反击，分割两翼，断敌退路，坚决阻击各路援敌的战法，从而对整编74师加以围歼，只要缜密部署，在战役指挥上不失误，是完全可以实现这个意图的。

第四，强和弱是相对的，或强或弱，部队本身所具有的战斗力不是惟一因素，而是诸多因素共同作用的结果。整编74师是强敌，但也有其弱点。该师是重装备部队，在平原作战时，机动灵活，火力凶猛，让解放军吃过很大苦头。但进入山区后，地形对其不利，不利于汽车、重炮等武器的运输和展开，部队的机动性大大受限，重武器不能发挥威力，甚至会成为拖累，其强的一面就相对削弱了。同时，该师一贯自大骄横，看不起其他国民党军部队，与有些部队积怨很深。当华野围歼它时，如我坚决打援，其他敌军可能不会奋力救援。

> 解放战争时期的陈毅。

听了粟裕的四点依据后，陈毅的眼睛不禁一亮，粟裕这个大胆的想法令他十分赞同。他不禁大声说道："好！我们就是要有从百万军中取上将首级的气概！给他来个'猛虎掏心'，打掉整编74师，看他张灵甫还狂不狂！"

陈毅对粟裕是充分信任的，完全支持他的方案。凭着对粟裕多年的了解，陈毅深知，一旦粟裕决定了的事，就说明他有十足的把握，并一定会以胜利而结束的。在陈毅的眼中，粟裕定下决心的那一刻，整编74师就已经完蛋了。

陈毅、粟裕统一了思想后，就立即向党中央、中央军委发去电报，详细汇报他们的作战意图。中央军委收到电报后，立即开会进行研究。毛泽东在山东地区作战地图前转了几个圈，经过反复思索，向周恩来、任弼时说："粟裕的胆子越来越大了，胃口真不小，敢临战改变歼敌计划，并且变易为难，敢打整编74师。"

周恩来说："粟裕一贯是多谋善断，谨慎持重的人，这次敢于下这么大的决心，敢于打硬骨头，肯定进行了充分的思考，有十足的把握才下决心的。"

毛泽东说："是啊，这段时间蒋介石一直步步紧逼，他还以为我们是好欺负的。其实，我们经过一年多来的战斗，早就不是当初那支土八路了。我们人民解放军完全有信心与国民党的任何一支'王牌'较量，不管他是什么'荣誉军'，还是'御林军'。我们狠狠地打他一家伙，必将给蒋介石以沉重打击，也必将给整个国民党军以极大的震慑，也会给近来一直在进行战略防御的陕北、山东两大解放区的我军将士以极大的鼓舞。粟裕的计划是可行的。但是，恩来呀，越是在这种时候，我们越是要给他们减压。同时，既然大的方向没有错误，我们还要主动放权，给粟裕完全的自主权。"

周恩来连连点头："是的，主席，这肯定是一场硬仗，战场态势瞬息万变，我们要让粟裕放开手脚，全力指挥。"

5月12日，中央军委复电陈、粟：

敌5军、整编第11师、整编第74师均已前进。你们须聚精会神地选择比较好打之一路，不失时机发起歼击。

得到了党中央、中央军委的高度信任，粟裕更加有决心打好这一仗了，而整编74师却不知它的末日正在悄悄来到。

①

②

③

④

❶ 我军部队通过黄泛区，行进在大平原上。
❷ 我军战士们发扬英勇顽强的战斗作风，向敌军发起总攻。
❸ 战役打响前，我参战部队整装待发。
❹ 我军部队通过水灾地区。

张　震

(时任华东野战军第2纵队副司令员)

我们立即按照新的部署，组织部队开进，到达指定位置时，已是翌日凌晨1时许。12日中午，谭震林副政委发来急电，说情况又有变化：野司已决心集中1、4、6、8、9纵，以优势兵力实施中央突破，围歼向我坦埠地区进攻之整编第74师。因该师处于敌中路，急于向蒋介石邀功，而且还是一个“硬胡桃”，如果“吃”掉它，定会对其他各路之敌起到震慑作用，让我们马上去研究部队行动问题。

听到要打74师，我打心眼里高兴，想起两淮保卫战的初次交手，涟水的再度较量，虽然这个“硬胡桃”很不容易吃，这回也非吃掉它不可。可是，上级给予我纵的任务却不是直接攻歼74师，而是在孟良崮东南地区阻击可能西援的第7军等部，以确保我军主力对孟良崮地区74师的分割与围歼。经过宿北、鲁南特别是莱芜战役的锻炼，我们2纵部队对局部与全局的关系，对突击与钳制任务的区分，以及协同配合的重要性等，在认识上有了很大提高。面对桂系这个老对手，大家都摩拳擦掌，觉得代价再大，也不能放他们过去，决心坚决阻住当面之敌，保证兄弟部队歼灭74师这个“老冤家”。

——摘自：《张震回忆录》

★★★★★

陈士榘

（时任华东野战军参谋长）

5月10日午夜，我们发现敌右翼第7军和第48师一部进至沂水以南之苗家区村，并有进犯沂水模样。华野首长决心集中兵力求歼该敌于沂水、苏村间。11日晚，当各部正向沂水开进时，我们查明了敌将于12日全线发起进攻，第1兵团准备以整编第74师为主攻占坦埠等地的作战计划。首长接到我们的情报，全面分析了敌我态势，认为整编第74师虽系蒋介石的精锐部队，但处于进攻状态，我军主力正位于坦埠及其两侧地区，在鲁南还埋伏着1个纵队的兵力，可以出敌不意地集中5倍于该师的强大兵力，加以围歼。开始，对能否在密集队形中实现分割歼敌，仍有顾虑。就在这时，中央军委来电介绍了彭老总在陕北战场的经验：“敌增援能力不大，如有四五十里间隙，以有力一部筑工抗击，可使敌强大援军根本不可能增援。”这样更加坚定了我们的信心。

——摘自：陈士榘《孟良崮战役》

第六章

星夜兼程飞兵垛庄

∧ 我军某部快速向孟良崮地区集结。

6纵正在鲁南准备攻歼白彦之敌，忽接陈粟急电："昼夜兼程回师，占领垛庄，完成合围。"
王必成精神为之一振，6纵官兵两昼夜用两片脚板行军两百多里，神速抵达。
18师领受重任轻取垛庄，迅速与1纵、8纵打通联系。
粟裕出奇兵在张灵甫背后猛插一刀，敌74师的最后一条退路被截断，陷入华野5个纵队的包围中。

1. 料敌先机

在战机即将出现的关键时刻，粟裕注意的中心问题是：及时抓住有利战机，果断作出最佳决策。

5月10日，顾祝同命令欧震、汤恩伯、王敬久3个兵团向莒县、沂水、悦庄、淄博一线推进。蒋介石的"急先锋"汤恩伯不待欧震、王敬久两兵团统一行动，就指挥第1兵团8个整编师向沂水、坦埠方向进攻。

当天深夜，华野指挥部侦察得知，汤恩伯兵团第7军和整编第48师先头部队已经进至河阳以北的苗家庄、界湖，有继续进犯沂水模样。这两支部队位于敌军右翼，比较暴露。陈、粟当即决定，首先歼灭该敌于沂水、苏村地区。他们一面下令参战部队向预定战场开进，一面上报中央军委。

但是，粟裕认为第7军和整编第48师并不是理想的打击对象。同他们作战难有俘获，往往打成消耗仗。因此，作战命令下达以后，粟裕一面指派专人给参战部队调配充足的弹药，以保障参战部队用强大火力攻歼该敌；一面密切注视敌情的细微变化，寻找更加有利的战机和最佳作战方案。

5月11日，张灵甫率整编第74师从垛庄出发，经由孟良崮西麓，向坦埠以南华野第9纵队阵地进攻。

敌军的行动引起粟裕的高度重视。他判断敌人已经发现华野指挥部位置。蒋军这一行动究竟是局部行动，还是新的全线进攻？他特地通知情报部门严密监视敌军动向，尽快查明敌人的作战部署。

当天晚上，华野技术侦察部门截获汤恩伯限整编第74师于5月12日攻占坦埠的电令。

粟裕得知这个关系全局的重要情报，沉思大约半个小时。虽然他早就把整编第74

师作为预定歼击对象，为此反复构思作战方案，但是此时作出歼灭整编第74师的决策，还是采取了十分慎重的态度。他要情报处核查情报的准确性，并进一步搜集有关情报。根据从各个渠道得到的情报，查明了汤恩伯兵团的作战部署：即以整编第74师为中心，整编第25师、整编第83师为左右翼；又以整编第65师保障整编第25师翼侧，第7军和整编第48师保障整编第83师翼侧，限于12日（后改为14日）攻占坦埠。同时查明，王敬久兵团之第5军、欧震兵团之整编第11师等部已由莱芜、新泰出动向东进犯。整编第74师与左右两翼国民党军相距只有1至2日行程。

粟裕认为，尽管敌军行动尚未完全明朗，但可断定敌人决定发动全线进攻，其部署显然是以整编第74师为主要突击力量，在两翼和后续强大兵团掩护下实施中央突破，矛头直指华野指挥部驻地坦埠，企图一举击中我指挥中心，陷我军于混乱和四面包围之中，聚歼我军主力于沂蒙山区，或者将我军逼向胶东一隅，赶过黄河。

粟裕认为，这是一个难得的有利战机，立即提出了新的作战方案：不打第7军和整编第48师，改打中路强敌整编第74师。迅速就近调集几个强有力的部队，以“猛虎掏心”的战法，以中央突破对付敌人的中央突破，从敌人战斗队形的中央楔人，切断对我威胁最大的中路先锋整编第74师与其友邻的联系，将整编第74师全部干净消灭掉。

在如此短暂的时间内，果断改变已经付诸行动的计划，作出带有很大风险性的决策，从敌人重兵集团中分割歼灭强敌，不仅需要有压到强敌的英雄气概，而且要有驾驭战局发展变化的战略才能。

粟裕这一新的作战构想，是在辩证分析敌我态势及其发展趋势，权衡两种作战方案利弊得失的基础上，得出的科学结论。

粟裕认为，整编第74师是蒋介石的“王牌军”，是这次重点进攻的骨干和急先锋，又是我军多次寻歼的死敌。歼灭整编第74师，将会给敌人以实力上、精神上最沉重的打击，对我军指战员则是一个极大的鼓舞，可以立即挫败敌人的进攻，迅速改变战场态势，获得最有利的战役效果。如果打第7军和整编第48师，敌人很可能置该部于不顾，继续对我实行中央突破，从而使我军陷于两面作战的困境。这次敌人采取挟重兵以求中央突破的战法，估计我不是主动后撤就是被突破。我们针锋相对，一改先打薄弱之敌、孤立之敌的传统战法，以中央突破对付敌人的中央突破，打最强的整编第74师，出其不意，攻其无备，必将大奏奇效。

粟裕辩证地分析敌我兵力强弱和战场条件，认为强和弱是相对的，或强或弱，部队本身所具有的战斗力不是惟一的因素，而是诸多因素共同作用的结果。从兵力对比上看，敌人对山东实施重点进攻的总兵力为24个整编师（军），其中在鲁中山区集中有17个整编师（军），我军在鲁中只有9个步兵纵队加一个特种兵纵队，敌人占有很大优势；但是，整编第74师已经进入我军主力集结的正面，我军部署不须作很大的调整，即可在局部地区对整编第74师形成5比1的绝对优势。从武器装备和战斗力来看，我军经过10个月作战，特别是宿北和莱芜战役的锻炼，战术、技术水平有很大提高，各级指挥员积累了大兵团作战经验，武器装备也有很大改善，特种兵纵队已有相当基础，火力大大加强，具备了围歼强敌的基本条件。

粟裕认为，这是一个既有取胜把握又有一定风险的决策。能否取得胜利，关键在于正确的决策和巧妙的指挥。只要缜密部署，指挥上没有失误，就可以实现全歼整编第74师的意图。

粟裕后来谈起孟良崮战役的决策，针对“张灵甫孤军冒进”的错误说法，指出：有人说是“虎口拔牙”，但老虎的嘴巴并不是张开的，只有一点空隙，我们硬切进去，好像天桥的把式开硬弓，将敌人左右两翼撑开，把74师从敌人的重兵集团中挖出来予以歼灭。不能说74师孤军冒进，它只是稍形突出，而且随即又缩回去了。还是“于百万军中取上将首级”的说法确切一些。

陈、粟决定，以5个纵队担任主攻，4个纵队阻击援敌，歼灭整编第74师于坦埠以南、孟良崮以北地区，特种兵纵队配属主攻部队作战。随即作出周密的作战部署，立即组织实施，派参谋分头追赶已经出发的部队，下令部队就地停止待命，各纵队首长到指挥部受领新的作战任务；又派参谋处长向已到南线的谭震林转告陈、粟的决定，请他就近向第2、第7两个纵队传达并作出部署。

如何对待这个突如其来的重大改变，对于各级指挥员都是一个严峻的考验。开始虽然有的指挥员不能理解，但是很快就取得了一致认识，大家坚决拥护和执行陈、粟的决定。这说明，华野全军上下作战指导思想的一致和对陈、粟决策指挥的信任。

5月13日，陈、粟发电报给中央军委并刘伯承、邓小平，报告围歼整编第74师的决心和计划：

（甲）74师真[11]日开始向坦埠进攻，83师在青驼寺以北跟进，25师在蒙阴东南为其左翼部队，桂顽则在临沂东北汤头、葛沟。（乙）我们今晚集结1、4与8、9纵向74师出击，于明晨完成包围。战斗约需两三天，待歼灭74师后再视机扩张战果。

第二天就接到中央军委复电：

以1、4、8、9纵歼击74师极为正确。

孟良崮位于蒙阴东南60公里的芦山山区顶峰，海拔500余米。沂蒙山区的山峰生得古怪，四周陡峭，形同圆柱，顶端平坦，可以种田，当地人称之为崮。崮崮相连，据说有72崮。张灵甫率整编第74师据守在芦山、孟良崮、大崮顶几个山头、几条山谷里。

孟良崮战役，按照预定计划，于5月13日黄昏发起。粟裕到前线指挥作战，把他的指挥所设在坦埠以西艾山脚下的岩洞里。当地群众称这个石洞为“老君洞”，战后改名为“将军洞”。从这里向南，直到孟良崮，是一片开阔的山间平地，也是华野正面阻击蒋军的战场。站在艾山南麓，可以用望远镜直接观察战场情况。粟裕对这个地方很满意，说：“好！指挥所就设在这里。”随后，就爬到山头观察一个多小时，又到前沿视察了第9纵队的炮兵阵地。回到指挥所，看到警卫员正准备去村里借门板搭床铺，粟裕坚决不准，说：“门板是给老乡守家的，你把它借来，他们怎么关门呢？买点高粱秸子，铺在沙子上，就可以睡觉。这是打仗，不是安家。”

粟裕认为，实现战役决心的第一个关键问题，是隐蔽我军意图，达到对整编第74师的合围。为此，他采取了以下几点措施：

一、令第4、第9两纵队全力抗击向坦埠进攻的整编第74师，堵住他的前进道路。

二、令第6纵队协同第1纵队抢占孟良崮西南的垛庄，切断整编第74师退路。

三、令第1、第8两纵队分别以小部队向敌左右两翼整编第25师和整编第83师发起攻击，使敌人一时无法判明我军矛头所向而无暇他顾，主力则乘机向纵深猛插，隔断整编第74师与左右两翼的联系。

四、令第2、第7、第3、第10纵队分别在敌人左右两翼外围阻击敌人援军。

华野各纵队都出色地完成了自己的任务。从13日黄昏到14日上午，就大体形成对整编第74师的包围态势。15日拂晓，由鲁南北上的第6纵队在第1纵队协同下攻占垛庄，第8纵队攻占万泉山，最后封闭合围口，完成了对整编第74师的包围。

10天以前，当第6纵队奉命在鲁南隐蔽待机的时候，第6纵队司令员王必成提出的惟一要求就是："打74师，绝对不要忘了6纵！"

整编第74师是第6纵队的老对手、死对头。第6纵队在第二次涟水战役中与整编第74师交锋，吃了亏。广大指战员愤恨难平，发誓有机会一定要吃掉它。

宿北战役以后，粟裕在行军途中遇到6纵宣教部长吴强，关切地询问6纵部队情况。吴强告诉他："这一回没能把74师吃掉，反而让他占了上风，部队上上下下都很懊恼、气愤。"

粟裕说："告诉大家，74师、张灵甫逃不掉，总是要把他吃掉的！仗打得不痛快，吃了亏，受了损失，情绪不稳定，是很自然的，要多做思想工作。"

"什么时候再打74师？"吴强以为很快就要发起打74师的新战役，焦急地问。

"现在条件还不成熟。"粟裕十分理解部队急于求战的心情，对吴强说："再打74师，少不了你们6纵的份。"

这一次，王必成又担心错过打74师的机会。粟裕立即给他一个满意的答复："你放心，打74师一定少不了你们6纵。到时候，你不想打也得打。"

在制定孟良崮战役计划时，粟裕特别提醒起草作战命令的参谋处：不要忘记6纵。

在孟良崮战役即将打响的时候，6纵指战员听到北进敌军的炮声越来越远，北上参战的命令却不见到来，有些人沉不住气了，怪话也出来了：

"把我们忘了，把我们扔在鲁南吃闲饭！"

"我们只能吃豆腐，嚼烂葡萄，啃不了硬骨头！"

他们不知道，粟裕已经给他们安排了一个艰巨的作战任务：切断整编第74师的退路。

2. 星夜兼程

5月12日16时，一份陈、粟签署的电报发到王必成手中，命令第6纵队昼夜兼程，北上参战，以48小时120公里的急行军，抢占沂蒙公路上的重镇垛庄，切断整编第74师的惟一退路，参加围歼74师的战斗。

6纵指战员回想起粟裕的谈话，无不为他的神机妙算而心悦诚服。他们说："把我

白彦战斗

1940年2～3月，为了扩大和巩固以抱犊崮山区为中心的鲁南抗日根据地，八路军115师一部在当地抗日武装的配合下，与日伪军在位于抱犊崮山区与天宝山区之间，费（县）滕（县）公路上的要地白彦展开了三次争夺战。在战斗中，八路军共歼日伪军800余人,粉碎了日军重占白彦控制鲁南山区的企图，为向天宝山区发展扫除了障碍。

们放在鲁南，原来是一着妙棋。”“说打74师少不了6纵的份，就是没有少了我们6纵的份。粟司令可是个说话算话的有心人。”

粟裕总结孟良崮战役的经验，指出“动用隐伏于鲁南的6纵队是关键的一着”。他说：“在战役指挥中，设想可能出现的情况，走第一步就预想到第二步，有时要巧妙地预留伏笔，是灵活用兵的重要一着。此次我军诱敌深入，而又预伏第6纵队于鲁南待

V 宣泰战役前，我军突击队员们待命出发。

机，这着棋一旦动起来，全盘就活了。”

得悉老冤家、死对头在华野首长的策划下陷入了我军包围，6纵广大指战员非常高兴，自从部队南下以来，他们发了几个月的牢骚，现在终于要扬眉吐气、开怀畅笑了。顷刻间，他们忘记了牢骚和不满，高兴地说：“把我们放在鲁南，原来是华野首长的一着妙棋。”

向鲁南挺进的途中，为了牵制敌人，也为了改善部队武器装备，6纵打了几个小仗。到鲁南地区后，为贯彻华野“配合地方武装，打击牵制敌人，迫敌回师鲁南”的指示，6纵于5月8日晚配合鲁南地方武装，攻击白彦、城前两个敌军据点。战斗打响后，狡猾的白彦守敌不战而逃，放弃自己的据点跑到了城前据点内，企图在城前据点集中兵力，负隅顽抗。正当6纵准备攻歼该敌时，收到了华野发来的敌情通报。

通报称：敌汤恩伯部74师等，向蒙阴的坦埠以南大箭、马山、佛山等地进犯，我军4纵、9纵正与之接战中。

根据以往的作战经验，王必成司令员意识到，我军以两个纵队的兵力与敌正面接战，预示着一场大规模围歼战即将展开。联想到粟裕首长的承诺，他感到这次大打，虽然还不知道任务在哪里，但有可能要打74师，也就是有可能用得上6纵。

为准备接受华野首长交付的更艰巨的任务，纵队党委决定暂停对城前之敌的进攻，将部队隐蔽起来，抓紧时间休整，准备随时接受北上歼敌的任务。6纵及时隐蔽部队的做法，对后续作战起了重大作用。蒋介石及其军政要人做梦也没有想到，在他们的背后会有一支两万余人的伏兵。这支伏兵一旦出现，将改变整个作战态势，彻底斩断敌人的回归之路。

以“虎将”著称的王必成，接到命令，即率6纵指战员两万多人以一天一夜130公里的急行军，飞兵疾进。到14日凌晨，先头部队提前8小时到达垛庄以南，15日凌晨就在第1纵队协助下攻占垛庄，犹如神兵天降，全歼守敌一个战斗辎重连。汤恩伯指令张灵甫派重兵死守垛庄，保护通路。可是，等到张灵甫派出的部队赶到，垛庄已经被华野部队攻占1小时。张灵甫不得不丢掉他的美制重炮和其他现代化装备，收兵退缩孟良崮、芦山地区，企图负隅顽抗，等待援军到来。

“飞兵激战孟良崮”，王必成有十分深刻的回忆：

1946年6月，国民党反动派悍然撕毁了8年前签定的《双十协定》，向我长江以北的苏中解放区发动猖狂进攻。我华东野战部队，本着“人不犯我，我不犯人，人若犯我，我必犯人”的方针，向敢于进犯的敌人进行自卫反击。我第6纵队从7月13日宣（堡）泰（兴）战役开始，就投入战斗，在苏中激战三个月后，奉命北撤与在山东作战的兄弟部队会师。1947年初，我纵在鲁南山地练兵，总结作战经验，补充了部分土改后参军的新战士，战斗力有了明显的提高。二月莱芜战役

《双十协定》

1945年8月，毛泽东、周恩来等中共代表应国民党邀请到重庆进行和平谈判。10月10日，国、共双方签订了《政府与中共代表会谈纪要》。在这份《纪要》中，国民党承认了中国共产党提出的和平建国的基本方针，同意召开有各党派代表和社会贤达人士参加的政治协商会议，并保证给予人民一些民主权利。但双方在解放区的政权和军队等根本问题上并未达成一致。协定公布不久，国民党便出尔反尔，悍然发动了全面内战。

∨ 1945年8月28日，毛泽东在美驻华大使赫尔利（左三）、国民党代表张治中（左一）陪同下偕周恩来（左四）、王若飞（左五）飞往重庆与国民党进行和平谈判。

< 解放战争时期，任华中野战军第6纵队政治委员的江渭清。

江渭清

湖南平江人。土地革命战争时期，任平江保卫队大队政治委员，红16军7师团政治委员，湘鄂赣军区人民抗日红军军事委员会委员等。抗日战争时期，任新四军第1支队1团参谋长，皖南第1纵队政治部主任，第6师18旅旅长，16旅政治委员，苏浙军区第1纵队政治委员等职。解放战争时期，任华中野战军第6纵队政治委员，华东野战军第6纵队政治委员，第三野战军8兵团政治部主任等职。

在华东野战军陈毅、粟裕、谭震林等首长的正确指挥和兄弟纵队的协同配合下，全纵歼敌达两万余人，取得了较大的战果，极大地鼓舞了士气。莱芜战役后又在博山地区休整一个多月。这些均为尔后战斗的胜利，准备了必要的条件。

孟良崮战役是华东野战军对毛泽东军事思想的一次光辉实践，在第6纵队的战史上，也是具有特色的重要一页。这一战役，虽距今32年了，可那气壮山河的战斗场面，却仍然历历在目，使人记忆犹新。

挺进鲁南伏奇兵。国民党反动派发动全面内战后，8个月中，被我军歼灭71万余人，被迫由全面进攻改为重点进攻。1947年4月初，敌人纠集华东第一线兵力，共13个整编师、34个旅，约25.5万人，分别由汤恩伯、王敬久、欧震组成三个机动兵团，沿临沂至泰安线，并肩进犯，企图歼灭我华东主力于沂蒙山区。我华东野战军根据中央军委的指示，主动由鲁南向鲁中后撤，大胆诱敌深入，寻找机会歼灭敌人有生力量。4

> 杜平，1955 年被授予中将军衔。

杜 平

江西万载人。土地革命战争时期，任红 3 军第 3 纵队政治宣传科科长、军政训练大队大队长，红一军团卫生部政治委员，无线电队政治委员，红 30 军政治委员兼政治部主任等职。抗日战争时期，任八路军后方留守兵团警备第 3 团政治委员，警备第 1 旅政治部主任、副政治委员，陕甘宁晋绥联防军政治部秘书长。解放战争时期，任东北民主联军政治部秘书长兼组织部副部长，东北野战军、第四野战军政治部组织部部长等职。

月 22 日至 24 日在泰安一带首战告捷，歼灭敌整编第 72 师全部两万余人，打击了敌人重点进攻的嚣张气焰。敌人被迫采取了齐头并进，稳扎稳打的战术，三个兵团一字排开，像乌龟一样慢慢爬行，逐步向我沂蒙山区推进。

华野首长为调动敌人，创造战机。令 6 纵与 1、3 纵并肩沿津浦路西侧南下，出击宁阳，以威胁敌重要的补给基地兖州，打乱敌人重点进攻的部署。当时，我们南下，敌则北进，双方部队经常擦肩而过，好像捉迷藏似的。我纵与敌周旋到 5 月初，又奉命北进鲁中，协同 1、3、4 纵围歼北犯新泰的敌整编 11 师。但是，刚刚形成战役合围，敌整编 25、83 师等部队分头向整编 11 师急速靠拢，这种情况不利于我选择打击目标，歼灭敌人，华野便命令部队迅速后撤。这时，我纵已插至新泰、蒙阴之间的羊流店以南，三面临河既不利于向主力靠拢，也不利于就地独立作战，情况比较艰难。我和纵队政委江渭清、副司令员皮定均、参谋长杜平等同志一起分析敌我态势，根据华野老总的意图，确定部队的行动方向。我们考

涟水战役

1948年7月，为了配合豫东战役和兖州战役的顺利进行，华东野战军苏北兵团在地方武装配合下，乘国民党军兵力薄弱之机，发起涟水战役。7月3日，苏北兵团一部包围涟水城，主力集中在城外地区阻援。经三天激战，全歼守军整编第44师第162旅等部。此役，不仅策应了野战军主力的作战，更打开了苏北地区的新局面。

虑，鲁南是敌人的后方，兵力空虚，如果部队插到那里，可以迷惑敌人，分散敌人的注意力，又可随时北上参战，容易收到出其不意，突然袭击的效果，遂毅然决定向鲁南挺进。因时间紧迫，我们一边组织部队行动，一边向华野报告。华野很快发来加急复电，同意我们的行动方案，并指示我纵“注意隐蔽待机，不要过分刺激敌人”，使我们进一步明确了挺进鲁南的任务和目的。

插到鲁南敌后去，干部战士还是有些想不通。因为当时进攻山东的敌军有三大主力：一个是第1兵团张灵甫的整编第74师，一个是第2兵团胡琏的整编第11师，再一个是第2兵团邱清泉的第5军。这三个主力中的74师我们曾与它较量过多次，是6纵的老冤家、死对头。第一次交锋是1946年10月间，在涟水城外，我纵阻击74师的猖狂进攻，歼灭它3,000多人。第二次涟水战役，我们再一次给敌74师以沉重打击，胜利完成阻击任务。但因众寡悬殊，我军付出了一定代价。我纵干部战士亲眼看到有的战友在74师枪炮下壮烈牺牲，有的身上留下了伤痕，因而对74师格外仇恨。北撤山东时，大家听说74师跟在我们屁股后头，无不摩拳擦掌，发誓要坚决消灭它，报仇雪恨。可是，眼下我们部队要从敌人的缝隙里，插到鲁南敌后去，与74师背道而驰，思想一时转不过弯来。为此，纵队党委加强

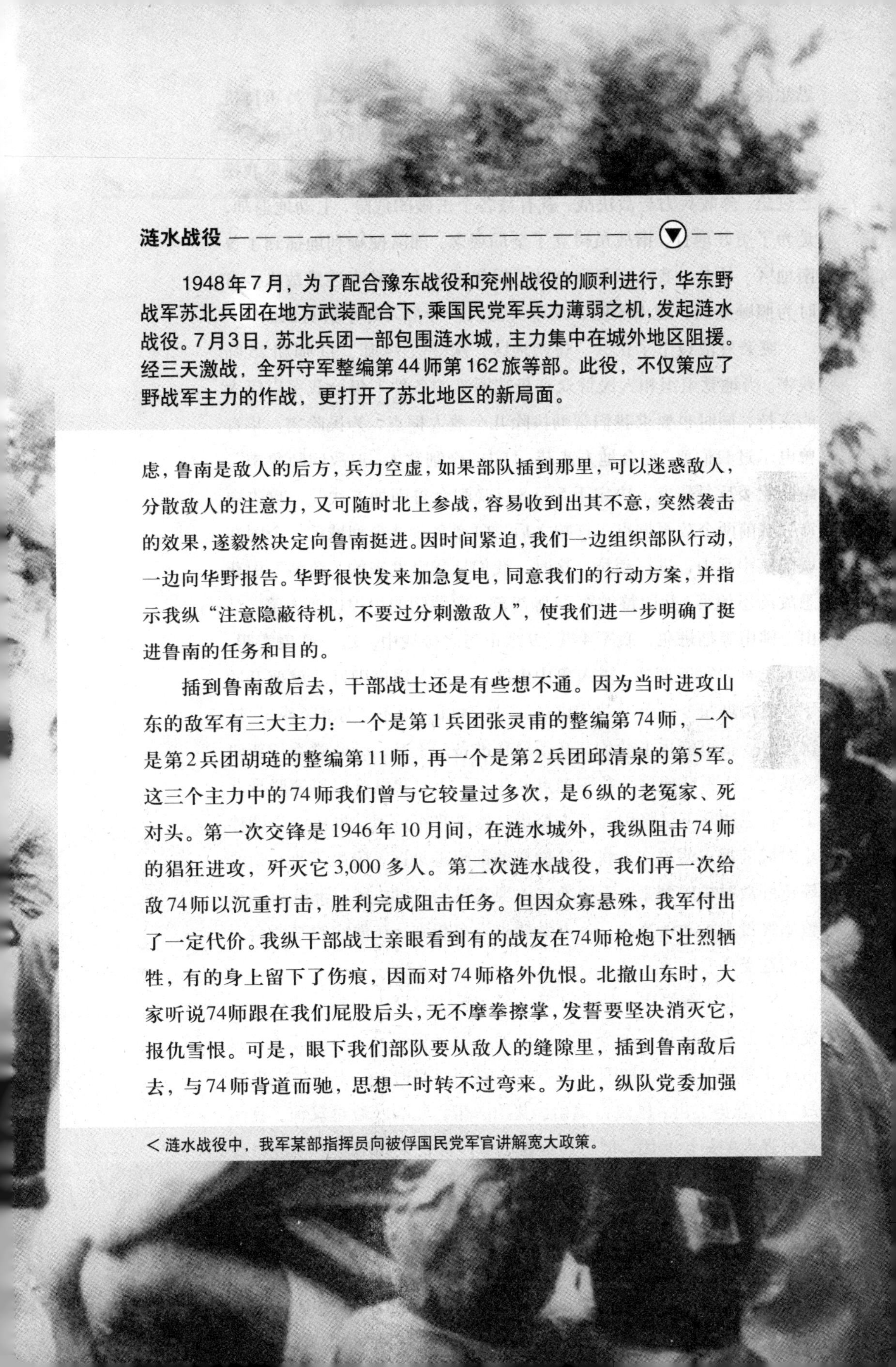

< 涟水战役中，我军某部指挥员向被俘国民党军官讲解宽大政策。

思想政治工作，引导指战员正确理解华野首长诱敌深入、持重待机的方针。我们向干部说明，作战指挥的一条重要原则就是力争主动，力避被动，避敌之长，击敌之短。在敌强我弱的情况下，如果我操之过急，分散兵力与敌决战，就有被各个击破的危险，主动地退却，是为了更好地打。指战员树立了全局观念，部队便顺利地插到了鲁南地区。从此，我纵以忽聚忽散、飘忽不定的行动来迷惑敌人。有时为照顾全局，肥肉不吃，来麻痹敌人，让敌人弄不清真假。

突袭歼敌设下了伏兵。鲁南地区，深受敌74师、11师和25师残害。当地党组织和人民群众在极端困难的条件下仍给我军以巨大的支持，同时也要求我们帮助拔除几个敌人据点，为民除害。华野曾电示过我们要“配合地方武装，打击、牵制敌人，迫敌回师鲁南”。纵队党委反复研究，决定于5月8日晚配合鲁南地方武装，攻击白彦、城前两个敌军据点。打响之后，白彦之敌逃窜到城前，企图在城前集中兵力，进行顽抗。这时，我们从华野发来的“敌情”中获悉敌汤恩伯第1兵团整编军74师等部，向蒙阴的坦埠以西大箭、马山、佛山等地进犯，我军4纵、9纵正与之接战中。这一迹象表明，敌人已被我军所调动，进入鲁中山区，一场大规模围歼战就要开始了。粟裕副司令员曾对我们讲过：“打74师，少不了你们6纵。”这次大打，很可能用上我们，必须早作准备。于是，纵队党委重新研究战况，认为城前这个敌军据点若久攻不下，我纵难以迅速脱身北上；若迅速拿下又将引起敌人疑虑，暴露我军位置。遂决定立即停止对城前据点的攻击，将部队撤离城前附近地区，隐蔽下来，耐心等待歼敌时机的到来。正因为这体现我纵的行动，所以部队行动谨慎始终没有被敌所察觉，敌人做梦也没有想到，在他们的腹背会有我们这支两万余人的伏兵。

挥戈北上袭垛庄。5月12日中午，果然收到陈、粟、谭首长签发的十万火急电报，命令我纵接电后立即星夜飞兵，兼程北上，抢占垛庄断敌退路，参加围歼敌74师的战斗。当时，位于战线中央的敌74师态势突出，已侵占重山、艾山一带，先头已渡过汉河，其两翼有强大的掩护兵团，但进展迟缓，华野首长果敢地定下了虎口拔牙的决心。我军的战役部署是以4个纵队的兵力，在地方武装配合下，以两面开弓之势，牵制敌人的掩护兵团，集中5个纵队的兵力，向敌74师两翼穿插，迎头堵截，四面包围，将其一举全歼于孟良崮一带山区。我们得悉老冤家、死对头终于上钩了，围歼敌74师的时机到来了，非常振奋。同时，我们知道要在两昼夜行军100余公里，封闭合围口，掐断敌人咽喉，任务是十分艰巨的。纵队几个领导同志商量以后，决定以第18师为左翼，第16师为右翼，纵队部率第17师居中路，以神速动作坚决断敌退路。这时部队还分散在几个地方，为争取时间，立即双管齐下，一面通知附近各师师长、政委到纵队部接受战斗任务，一面派人去距离纵队部较远的部队传达战斗命令。因任务紧迫，各师边走边动员，要求全体共产党员、全体军事干部、政治干部，以先锋模范行动，带领全体战士不怕牺牲，不怕疲劳，不怕艰难困苦，发扬打得、跑得、饿得的英勇顽强的革命精神，完成彻底歼灭敌74师的光荣任务。全体指战员听说要去歼灭74师，无不欢欣鼓舞。

5月12日黄昏时分，全纵回师向东北方向进军。沿途山峦重叠，道路崎岖，天上有敌机扫射，地下有小股敌人、土匪袭扰，而且粮草不足，困难重重。各单位充分发挥了我军政治工作的威力，边走边搞宣传鼓动，召开“飞行会议”，传递“飞行快报”，使部队始终保持旺盛的斗志。战士们在枪杆诗里写道：“迈开我们的飞毛腿，英雄铁脚走天涯。”各级干部身先士卒，主动让马、帮助战士扛枪、背背包。有的战士鞋子烂了，用破布、烂草包着脚行军，体弱有病的同志拄着拐棍翻山越岭，紧跟队伍。途中，我们来不及埋锅做饭，便以地瓜干、生花生米充饥。遇到河流，徒涉而过。所有部队的行军速度，都超过了预先的规定，提前赶到了预定地点。

我们纵队的第一步战斗任务是攻占临（沂）蒙（阴）公路上的垛庄。垛庄是敌74师的设防要点，是进攻我们沂蒙山区的交通孔道和后方补给点。这里有坚固的守备工事，两侧有强大的兵团保障，所以，敌人只留了一个辎重连守备。

我们考虑，垛庄能不能攻占得手，是完成对整编第74师的包围后，将它彻底歼灭的极其关键的一着棋。把垛庄拿到手，就掐住了敌74师咽喉，将其置于死地；垛庄拿不到手，敌74师就可能从这里溜走。为此，我们派有攻城战斗经验的第18师第53团担负攻占垛庄的任务。18师接受任务后，派53团第4连立即出动，作开路先锋。4连于12日下午1时起，由鲁南白彦附近出发，昼夜兼程前进，14日凌晨到达垛庄以西的彭家岚子。这时，与敌整编军25

师一个连迎头相遇，遂即展开战斗，激战十几分钟便将敌人打垮。我4连乘胜猛进，占领垛庄西南方山寺西侧无名高地，为53团进攻垛庄抢占了有利地形。14日下午5时，18师主力部队全部赶到垛庄以南和东西一线集结，查明了垛庄和垛庄附近的敌情，并与左右兄弟部队取得了联系。此时，我军第1纵队与第8纵队分别向敌74师两翼勇猛突击，插入敌人纵深，割裂了敌74师与左右两翼的联系。我第4、第9纵队向敌74师当面迎头痛击，阻止了敌人前进，并从北、东、西三面将敌分割。18师部队稍事休息，即在友邻第1纵队协助下，对垛庄发起攻击。深夜，天空布满乌云，漆黑一团，正好趁机袭击。我18师以53团两个营的兵力，从垛庄西面的寺后凹地发起攻击，以54团1个营的兵力，迂回到垛庄北侧，与攻击部队互相配合。敌人以为垛庄是他们的可靠后方，全未料到在他们背后会杀出一支奇兵。在我部队突然猛烈攻击之下，守敌束手无策，顽抗不到半小时，就被全部歼灭。垛庄被我占领。

敌第1兵团司令汤恩伯发觉我有围歼敌整编第74师的意图后，立即打电话询问垛庄情况，指令74师务必派重兵死守垛庄。张灵甫在我向垛庄运动的同时，指派他的运输团长带领1,000余人撤下山来，赶赴垛庄加强防务。哪知约在一个小时前，我已拿下了垛庄。这股敌人进至垛庄以东，正好与我18师前哨相遇。我前哨部队乘敌运动之际，突然猛烈开火，歼敌一部，活捉了敌运输团长，余敌狼狈逃窜。我军乘势攻击，夺占了垛庄附近的要点，与1、8纵队打通了联系，封闭了合围口。74师惟一的后路被截断。被我1、4、8、9、6等5个纵队团团围困在以孟良崮为中心的狭长地带，成了瓮中之鳖。

> 我军某部在孟良崮战役中阻击敌军。

❶ 我军战士们发扬英勇顽强的战斗作风，向敌军发起总攻。

② 

③ 

④ 

⑤ 

❷ 我军向敌阵地发起冲击。
❸ 我军某部涉水过河，向前挺进。
❹ 我军战士正伺机向敌进攻。
❺ 战役初期我军某团召开营以上干部会议，研究战役的打法。

[亲历者的回忆]

粟　裕

（时任华东野战军副司令员）

在（孟良崮战役）第一个回合中，动用隐伏于鲁南的第6纵队，是关键的一着。

第6纵队同敌第74师是死对头。记得当时我命令该纵留在鲁南隐伏待机时，纵队司令员王必成同志很担心打第74师时没有他们的任务。

我对他说，你放心，打敌74师一定少不了你们。

当时第6纵队距垛庄约100公里之遥，一路山区，他们12日接到命令后，立即收拢部队，急速开进，14日即抵达垛庄附近。王必成同志后来曾以“飞兵激渡”来形容他们的这次行动，是不夸张的。

这说明在战役指挥中设想可能出现的情况，走第一步就预想到第二步，有时要巧妙地预留伏笔，是灵活用兵的重要一着，此次我军诱敌深入，而又预伏第6纵队于鲁南待机，这招棋，一旦动起来，全盘就活了。

——摘自：《粟裕战争回忆录》

★★★★★

张 震

(时任华东野战军第2纵队副司令员)

孟良崮战役于5月13日正式发起。15日，敌7军、整编48师等部果然西援，我纵立即投入防御作战。

在谭震林副政委统一指挥下，部队很快就构筑了阻击阵地，以节节抗击的战法，坚决阻止敌人向孟良崮增援。

这是一场血战，攻势打塌了，战壕打平了，就在弹坑里打，子弹打光了，就拼刺刀、拼石头，逐山逐岭，反复争夺，终于阻住了敌军，保证了我军主力歼灭敌王牌军74师。

接着，我纵又奉命配合8纵，向南续攻敌整编第83师。

后因野司在清查战果时，发现74师残敌尚有数千人不知下落，遂暂时放弃续歼83师的行动，改令进攻部队搜剿残敌，将分散隐蔽之敌全部俘获。

——摘自：《张震回忆录》

第七章

横刀界牌拒敌天马

∧ 我军重机枪手掩护部队冲向孟良崮高地。

陈诚电告张灵甫："只要你再坚守3个钟头，援兵就可以到达。"14日上午，1纵攻占天马山、界牌。15日，敌25师援兵急攻界牌、天马，战况空前惨烈，阻击阵地多次失而复得。1纵1师廖政国手里已无预备队，要指挥路过的4纵的部队，4纵营长说："为了整体利益，我们听你的指挥。"直到74师被全歼，敌军始终未能突破界牌、天马一线。

1. 瓮中之势

陈诚指挥部，前线的战报陆续传来。陈诚用红蓝铅笔在作战地图上迅速地勾画着，突然他停下了笔，愣怔着，冷汗从额头一滴滴地流下来。

5月15日，华野第6纵队神不知鬼不觉地出现在垛庄，一个战斗辎重连悉数被歼。汤恩伯令张灵甫死守垛庄，但已经是棋缓一着。整编第74师只得收兵退缩到孟良崮、芦山地区。就在垛庄被6纵攻占的同时，第1纵占领了330、285高地；第8纵占领了孟良崮东南门户万泉山，敌一个团被歼，1纵、6纵已经连在一起，构成了对第25、第83师的强有力的防线。此时，华野第4、第9纵已推进到唐家峪子、当阳一带。种种迹象表明，敌74师被华野的5个纵队团团包围在孟良崮及其以北的狭小地域内，退路和后勤补给被完全切断。

据国民党军第1兵团《蒙阴东南地区战役战斗详报》称：

5月15日，自拂晓至8时止综合各部队报告：

第3纵队当面之匪昨（14日）日夜不断向我猛犯，均未得逞。我于拂晓顷开始攻击，正激战中，匪似有后续部队增加，并有强大之炮兵。

整83师当面，拂晓前后马山、磊石山之线均有激战，匪仍陆续增加中。

整74师方面，守备万泉山之整83师19旅57团昨夜受强大之匪猛攻达旦，匪我伤亡惨重，该团仅有600余人，万泉山被匪占领。该团节节转移，与整74师部队协同固守芦山南麓，拂晓以来匪向雕窝猛犯，争夺至烈。孟良崮东北方面亦在鏖战中。同时据张师长寒酉电略谓寒黄昏前安全集中于孟良崮、芦山间地区，正加强工事，严密防范。又得该师参谋长魏振钺无线电话要求空投粮弹，并谓未能占领垛庄。

整25师仍在原地与匪激战中。

∧ 抗战时期的陈诚。

兵团依上情况当为如下之处置：

（一）令第4纵队黄司令即率25、65师主力迅向垛庄、孟良崮攻击前进，夹击歼灭匪军，以解74师之围，蒙阴城可留一团守备之（删辰电）。

（二）令74师加强孟良崮兵力，并与空军协力迅速恢复万泉山（删巳电）。

（三）与空军联络，请空投粮弹并协力74师之出击。

（四）整83师仍继续向北攻击。

（五）第3纵队由第7军派一部向五神堂、何庄方向进出，策应83师之作战。

同时又以删巳亲电致整74师张师长如下：

目前战局贵师处境最苦，而关系最重。本日空军全力来助，黄李两师并王凌云师即向东出击，只要贵师站稳，则可收极大之战果，亦即贵师极大之功绩。务希转告全体将士一致坚毅奋斗，以达成此伟大任务。又闻万泉山已有匪踪，此点至关重要，希以有力部队夺回确保。

14时许据第4纵队无线电话报告，已遵照本部删辰电以第40旅及第108旅主力向界牌、天马山之线出击，正节节进展中。又得空军通报，即往助战，并投粮弹。此以删未电告知74师张师长，铺设木板表示位置烧烟火表示风向，并依空军助力，夺回万泉山。

陈诚太知道整编第74师被围的厉害了。他赶紧打电报给张灵甫称："只要你再坚持三个钟头，援兵就可以到达。"可是，此一战斗又进行了两天多，张灵甫的部队越打越少只到最后打光，援兵却连个影子也见不到。

蒋介石见到这种战场态势，一则以喜一则以忧，喜的是终于将"共军"的主力全部牵引出来，忧的是整74师能不能顶是住"共军"的人海战术。他迫不及待地 下达命令，要整编第83、第25师、第65师、第7军和整编第48师，从东南西北各方向迅速向整74师靠拢。从15日起，敌83师从青驼寺向北增援；敌7军、48师自界湖、河阳间向西增援；敌25师、65师自桃圩、蒙阴向东增援；敌11师从新泰南下增援。

2. 界牌之战

5月14日上午，华野1纵攻占天马山、界牌等要点，割裂了整编第74师与整编第25师的联系。15日晨，敌25师的援军被1纵一部阻击在界牌以西一线。

为突破我军阵地，敌人用两个营的兵力猛攻我守军。炮声、机枪声响成一片，成队的敌人在督战队的威逼下反复冲锋。然而，他们除了在我阵地前留下越来越多的死尸外，始终不能越过我军防线。

战斗进行了大半天，敌军始终未能越雷池一步。到了下午，在猛烈炮火掩护下，敌人以一个营的兵力趁我阵地上的守军躲避炮火之机，偷偷摸到我阵地前几十米处的柏树林里，尔后突然向我1纵某部第6连阵地发起攻击。

“敌人离阵地只有五六十米了！”观察员沈芝斗急匆匆地跑来报告连长王勇。

王连长猛地跳出指挥所，向阵地上跑去，没跑几步，就负伤倒下。连长负伤之后，指导员负起了指挥全连阻击敌军的任务。

这时，6连前沿阵地上只有一个排的兵力，而敌人来的是整整一个营。敌我力量对比，敌军占有很大的优势。根据战场情况，指导员感到现在完全靠前边的部队可能不行了，即命令通信员把后备部队的第5班调上来。

5班长带领全班战士，冒着炮火枪弹迅速地赶上来。这时，敌军炮火还没有停，炮弹像雨点般地砸了下来，爆炸声震得人耳朵生痛。5班战士刚上来，就被阵地上浓重的炮烟熏黑了脸。5班长顾不得躲避敌军炮火，端着手中武器拼命地向敌射击，一口气打倒了4个敌人。看着敌人在自己的枪下丧命，他心底里涌出了杀敌的快感，边打边喊：“来吧，来吧，叫你们尝尝铁花生的味道！”

敌人的一个突击班从5班的左面攻上来了。守在那里的第4班机枪射手高忆看着敌人冲到近前，沉着地扣动扳机“哒哒！”随着机枪声，冲上来的敌人倒下去两个，其余的见势不妙卧倒不动了。高忆的机枪继续寻找着敌人，当他看到掩护敌人冲锋的机枪后再次扣动扳机，子弹准确地打在敌人的机枪周围。敌人的机枪手吓破了胆，扔下机枪跑了，其余的敌人也都往回退去。

一颗炮弹打来，4班长董鼎成和3排副刘月江同时被炸伤了。战斗中多一个人就多一份力量，他们顾不上对伤口进行简单的包扎，流着血继续坚持战斗。他们知道，如果自己退下去，阵地上少的虽只是他们两个人，但可能会影响战友们的情绪，敌人就可能从这里通过。如果那样，阻击敌军的任务就可能完不成，消灭敌74师的任务也将不能实现。刘排副咬着牙爬来爬去，指挥战士们调整位置射击；董班长因为手部有伤不能射击了，便用带伤的手帮高忆压子弹。高忆看不下去了，对他们说："你们下去吧，这里有我们，保证不让敌人通过。"

班长没吱声，刘排副坚决地说："瞄准了狠狠地打，别管我们！"

他们知道，在这万分紧紧的时刻，指挥员是决不能离开阵地的。死也要死在阵地上。

血不断地流出来，刘排副伤势过重，头脑昏沉沉的，意识渐渐模糊起来。

战斗仍在激烈地进行。第5班的西面，是第7班和第6班的防守区，7班的机枪被敌军炮火打坏了，机枪手孙乾贤正替副手包扎伤口，而他自己也是两处负伤，血还在流着。他一边包扎一边对副手说："不要让班长知道，不然我们就打不成了。"两个人打不成机枪，就捡起手榴弹向敌人投掷。突然，又一颗子弹打来，打在孙乾贤的肩膀上，孙乾贤忍不住"哎哟"了一声，班长见他神色不对，忙关心地问，"你又负伤了？"他强作轻松地说："没有，是被石头擦破了。"

6班战士周训贵边打边观察，见右边7班的机枪不叫了，敌人攻得又特别猛，情况十分紧急，便鼓励大家说："离天黑还有两个小时，敌人不多，我们一定能打垮他们！"刚说完，看见班长负了伤，就站起来要过去替他包扎，结果自己也中了一枪。他发觉自己受伤，正准备包扎一下，这时敌人的步兵冲到了他们扼守的战壕前面。来不及包扎伤口了，他和班里的其他同志迎着敌人冲了出去。前进了一段之后，战士们停下来射击。周训贵凭借单人掩体，忍着伤痛，瞄准敌人射击。他看得很清楚，他射出的子弹，穿进了正在他面前奔跑的敌军士兵的腹部。那个士兵的身材很高大，光秃着脑袋，手里拿着一枝汤姆式冲锋枪，在中弹之后，还向前跑了四五步。

敌军的冲锋队形是密集的，像是一窝黄蜂，低着头弓着身子往前跑。看样子就知道，这支部队受过严格训练，向前跑步冲锋时，保持着先后层次，前头的总是跑在前头，后头的总是落在后头。一个敌军官在周训贵前面150米远的一块大石头后面不时地冒出头来，举着手里的驳壳枪"砰砰叭叭"地射击，嘴里还大声喊叫："往前冲往前冲！不许回头！"蒋军嗷嗷叫着冲上来，周训贵冷静地在敌人丛中寻找射击目标。那个军官又把脑袋露到大石头上来，"擒贼先擒王"，周训贵抓住这宝贵的瞬间，对准敌人一扣扳机，大石头后面那个军官再也没有露出头来。

连指挥所里，蔡指导员忙着让连部人员给各处送弹药。他命令战士高官玉找一箱弹药快速送到5班阵地去。从连指挥所到5班要通过五六十米的敌火力封锁线。蔡指导员说："小高，考验你的时候到了！"小高说："请放心，命可丢，任务必须完成！”蔡指导员看到小高冲出去没几步，便一个趔趄栽倒了。很快地，小高又挣扎着爬起来，往5班的战壕冲去，就在冲进战壕的一刹那，一梭子子弹又打在他的身上。弹药送到了，小高却再也没有回来。

战斗就在这种紧张激烈的状态下进行着，在6连指战员的顽强阻击下，敌人虽打了上千发炮弹，动用了比我防守部队多得多的兵力，却始终未能前进半步！

3. 拒敌天马山

5月15日，在华东野战军的猛烈攻击下，整编第74师死伤惨重，余部龟缩在孟良崮周围窄小的地域内，进行临死前的挣扎。蒋介石和陈诚见势不妙，向各部下了死命令，务必为“王牌军”解围。天马山阻击战尤为惨烈，更富有戏剧性和偶然性，但就在偶然性之中又深藏着一种内在的必然。

天马山像个大元宝，中间低，两端高，南北向横躺在那里。它的南面，沿临蒙公路连接垛庄、孟良崮，那里是华野主力围歼蒋军74师的主战场；东面山后是华野第1纵队的指挥所，纵队指挥员就在那里运筹帷幄，指挥纵队各部指战员从各个方向阻击敌军援兵。天马山阻击战是纵队阻击战的一个组成部分，蒋军整编第25师和第65师的部队就在这座小山的前面。在蒋介石的高压下，黄百韬所部和整编65师的部队拼死往前拱，每前进一步都留下了大批的尸体。

15日上午10时起，整编25师以2个团的兵力向覆浮山、界牌、天马山一线猛攻，师长黄百韬确实尽了全力，而没有像其他国军那样保存实力。他指挥所部在炮火掩护下，以连、营规模连续发起集团冲锋，战至午后，已连下覆浮山、界牌，只剩下天马山一处。担负该地阻击的是由第1纵第1师指挥的4个团，其中2个团是刚由地方武装升级的新部队。

1纵1师师长廖政国是河南罗山人，生于1913年，原名廖光清，曾用名廖广庆。自幼过继给未出嫁的姑母，姑母供他读小学。

1930年秋，经校长傅博安和教师熊华锦两位地下党员介绍参加中国共产党。9月参加红军，参加攻打金家寨和围攻六安城战斗。

> 抗战时期的黄百韬。

1931年任红4军第10师参谋处见习参谋。黄安战役后，任黄安独立团连长、警卫营副营长、军委补充团营长、副团长、代团长、红四方面军兵站第4分站站长，多次负伤。抗日战争时期，廖政国任新四军第3支队第6团第2营副营长、营长，是叶飞手下的一员勇将。有一次，部队打了日军一个伏击，战斗结束后，碰上伪军来夹击，廖政国指挥部队反击，伪军大败。廖政国带领两个连和两个排一口气追击60余里，至夜晚，竟然追到了上海近郊的虹桥机场。廖政国决定袭击虹桥飞机场。他指挥部队一枪未发，突进机场，烧毁日军飞机4架，然后带领部队安全地撤出战斗。第二天，上海租界的不少报纸都刊登了我军夜袭虹桥机场的消息。

黄安战役

土地革命战争时期，鄂豫皖革命根据地反击国民党第三次“围剿”中的一次战役。1931年11月，红四方面军经过10天作战，扫清了黄安外围，后又击退增援之敌。12月22日开始攻黄安城，将守敌第69师全歼于突围之中。是役历时43天，歼敌1.5万余人，俘敌第69师师长赵冠英。此战役首创中国工农红军在战斗中使用飞机支援地面作战的历史。

V 八路军胶东军区部队在反“扫荡”中在山区间行进。

< 廖政国，1955年被授予少将军衔。

天马山阻击战打得很艰苦，15日下午，廖政国的4个团几乎伤亡殆尽了，敌25师则攻到天马山的山腰。廖政国投入了最后1个连的预备队和师部警卫排，手里只剩下师部的警卫班了。而1纵主力此时正在阻击敌74师的突围，根本无法抽兵支援，眼看天马山即将失守，而天马山之后就再无险可守。

在敌军炮火延伸射击后，天马山突然出现了片刻的沉寂。敌军已前进到离主阵地不足200米的地方。1纵1师的汪营长突然从尸体堆里抬起头来，他大喊一声："谁还活着！"但是周围没有一个人回答。

从射击孔看出去，满山沟黑压压的一片都是敌人，近处可以很清楚地看到敌人的督战队。督战队走在后边，不停地叫喊着，逼迫前面的士兵向前冲锋。掷弹筒、六〇小炮不断地打在汪营长的身边。

汪营长瞪大双眼盯着敌人，60米、50米、40米……敌人越来越近，只有20多米了。汪营长已经能清楚地看到敌人的面孔，一个敌军指挥官手里拿着一面小红旗挥来挥去，像是在调动他的士兵上前，骄横之态溢于言表。

汪营长从牙缝里挤出一句话，“妈的，老子还活着呢！”他瞄准那个拿着小红旗的敌军官的胸膛，狠狠地扣动扳机，那名军官惨叫着倒了下去。汪营长紧紧握住机枪，把子弹瓢泼般洒向敌群，敌人像被割掉的稻草纷纷地倒下。这时，汪营长暂停了射击。几分钟后，敌人看四周没有动静，又纷纷蠕动着往上爬，没走几步，一阵更加猛烈的弹雨又泼过来，敌人像打红了眼的疯狗，不顾一切地扑上来……

这个整编25师确实不是等闲之辈。国民党军一向以嫡系为主力、中坚。像“五大主力”的整编军74、整编第11师、第5军、新1军、新6军。很少有人知道被中央军瞧不起的杂牌军也冒出了王牌将星，他就是黄百韬。他率领整编第25师，是中原战场的主力。他参加的重要战役有：苏北系列攻坚战、孟良崮增援战、南麻临朐增援战、胶东扫荡战、大别山战斗、盐南战役、豫东战役等。其战功及作用仅次于第5军和整编第11师。

黄百韬可是标准的杂牌。他字焕然，原籍广东，生于天津，先在北洋军阀、江苏督军李纯的手下当传令兵。后投降张宗昌，后又随张宗昌部下徐源泉投降蒋介石，升至师长。蒋送黄进陆大特别班

胶东反“扫荡”战

1942年3月，日军2万余人对胶东抗日根据地进行春季大“扫荡”。八路军山东纵队第五旅和第5支队，适时跳出敌人合围圈，配合外线部队作战。至4月3日，歼灭日伪军1,700余人，粉碎了敌人的“扫荡”。1942年11月下旬，日、伪军2万余人再次对胶东抗日根据地实施大“扫荡”。八路军胶东军区部队又一次粉碎了敌人的“扫荡”，巩固了胶东根据地，保存了有生力量。

盐南战役

解放战争时期，华东野战军2个纵队在江苏盐城以南地区，对国民党军队进行的伏击作战。1947年12月，国民党军队5个团北犯盐城以南伍佑、卞仓地区，华东野战军第11、第12纵队对敌进行反击。经过4昼夜的激战，将国民党军大部歼灭，其残部逃回东台。此役，共歼灭国民党军2个旅部、2个集团及1个团大部共7,000余人，其中俘3,000余人。

∧ 奉系军阀张宗昌（右）与张学良在一起。

张宗昌

山东掖县人。奉系军阀，早年在陈其美部下当团长。1913年投靠直系军阀冯国璋，1922年又投靠奉系军阀张作霖，曾任吉林省防军第3旅旅长和第2军副军长。第二次直奉战争后入据山东。1925年任军务督办，组成直鲁联军，任副司令，次年任总司令兼安国军副总司令。1928年所部在河北滦县地区被白崇禧收编。1932年9月在济南被刺身亡。

第三期学习。毕业后先后在冯玉祥的第六战区、鹿钟麟的冀察战区任参谋长。

由于一个偶然机会，黄百韬被派到顾祝同的第三战区任参谋长。黄到任后惩治贪污腐败，励精图治，任劳任怨，小心守法，极力表现自己。但是因为黄是杂牌，始终不得顾的信任，后被顾外放充任第25军军长。

黄自知不是黄埔嫡系，又没有靠山，地位不稳，日子艰难，只有靠战功站稳脚跟。所以在战争中，战则争先，退亦谨慎，拼死搏斗，逐渐以显赫战功取得顾祝同及蒋介石的信任。

重点进攻山东解放区期间，黄百韬指挥整25师和整74师。当他发现整74师孤军突出，迅速命令张灵甫回撤至垛庄、桃圩之线，与整25、83师靠拢。

张灵甫狂妄自大，自恃兵力强大，不听黄之指挥劝告，在孟良崮陷入重围。

整74师陷入重围之后，只有整25师增援最为积极。黄倾整25师全部兵力不顾牺牲，不顾伤亡拼死增援，先后攻占三山店，交界墩，界牌等地。现在，付出了重大的伤亡之后，整25师离整74师只剩一线之遥，胜利马上在望，黄百韬不由得喜从中来。

廖政国在前线指挥所内飞速地踱着步，敌军炮弹打在屋顶上，灰尘扑扑地落在他的头上、肩上浑然不觉。他手里只有警卫班的十来号人了，如果再顶不住，只好亲自抱起机枪与敌人干到最后了。

就在此危急之时，警卫员阮中强带着一身的血迹冲了进来，廖政国正憋闷得无所渲泄，见此情景大怒，大喝一声，"像什么样子，进来也不报告一声！"郭建军笑嘻地说："首长，高兴死了，我给您拽过来一个人。"

"4纵10师28团3营营长郭建军向您报到！"廖政国上前就是一拳，"好小子，带了多少人？""报告首长，我们营全来了，正准备往芦山去。"廖政国死死地拉住郭建军说："哪儿也不要去了，就在我这儿守住！"郭建军面有难色，说："首长，我是奉命前往芦山，如果留在这儿，怎么向我们自家首长交代啊！"廖政国严肃的说："同志，你知道守住天马山对于整个孟良崮战役的重要性吗？我们这里是阻击25师和65师的最后一道关口，过了这道关便无险可守，如果让他们和张灵甫会师，对于整个战役将是灾难性的结局，你知道吗？你放心留下吧，我以政治生命向你担保，陶司令也不会怪罪你的！"郭建军想了想，叭地一个立正，"为了革命利益，请首长下达命令！"廖政国一时热泪盈眶，"好兄弟，马上给我赶往阻击阵地，把敌人给我赶下天马山！"

郭建军带领队伍刚刚赶到阻击阵地，正看见汪营长在孤军奋战，而敌军正蝗虫般地涌上来。郭建军大吼一声"给我打！"轻重机枪手榴弹带着仇恨的怒火向敌人狠狠地打去。此时，整25师伤亡近万，已是强弩之末，郭建军这一个营立马产生了压倒性的优势，敌人像潮水般被击退下来。

天马山阻击战，结果似乎有一定的偶然性，恰巧有我军的一个营路过。但从根本讲，它又是必然的，这与我军长期以来形成的肝胆相照，荣辱与共，不分彼此的作风是分不开的。

> 孟良崮战役中，我军担架队正通过敌人封锁线。

❶ 我军某部在阵地上迎击敌人。

★ ②

★ ③

★ ④

★ ⑤

❷ 解放军向敌阵地发起冲锋。
❸ 我军向敌阵地发起冲击。
❹ 我军攻占敌高地。
❺ 我军正与敌军激战。

陈士榘

(时任华东野战军参谋长)

……到14日上午，第1纵队逼近蒙阴城，构成阻击敌整编65师的坚固阵地，主力攻占了天马山、蛤蟆崮、界牌等要点，割裂了敌整编第74师与整编第25师的联系，并逼迫敌第25师向桃圩收缩。接着又相继攻占285、330高地和大山场等敌人一些外围据点。

第8纵队攻占依汶庄及以南地区，并于仁寿庄歼敌整编第83师1个搜索营。14日上午，进占桃花山、磊石山、鼻子山等要点，割裂了敌整编第74师与整编第83师的联系，一部攻占孟良崮东南之横山、老猫窝，与第6纵队北上的先头部队打通了联系。

第6纵队于12日夜由铜石山西南地区向东北急进，行程近100公里。于14日晨，如神兵一般到达距垛庄20公里的白埠、观上地区。

——摘自：陈士榘《孟良崮战役》

张 震

（时任华东野战军第2纵队副司令员）

孟良崮战役是一场恶战，也是山东战场敌我主力的一次决战。

在这次战役中，我军共歼敌3.2万人，击毙敌师长张灵甫，自己也付出了伤亡1.2万人的代价，终于敲掉了74师这个“硬胡桃”，迫使敌军的“重点进攻”暂时停顿下来。

——摘自：《张震回忆录》

第八章

中心开花成泡影

★★★★★

∧ 时任黄埔军校校长的蒋介石。

蒋介石认为大好时机已到，部署“磨心战术”。陈诚要求张灵甫“密切配合，来一个内外夹击，中心开花！”
张灵甫不接受蔡仁杰和魏振钺的意见，认为无论求助李天霞还是投奔黄百韬都有失74师的身份。李天霞与张灵甫素有积怨，以一个连冒充一个旅虚与应付。
张灵甫在报话机里哀求“向我靠拢，向我靠拢……”

1. 派系林立的国民党军

解放军内部的高度团结，反衬出国民党军内部的派系林立。在国民党军系统里，首先有嫡系和杂牌之分，如参加孟良崮战斗的整编第74师属于嫡系，25师则是杂牌部队；在嫡系部队也是派系林立，比较大的有陈诚的土木系、何应钦集团、胡宗南集团、汤恩伯集团等。相对于嫡系而言，国民党地方派系军队的供应问题是非常重要的。国民党政府在授予那些地方派系军队主官的军权时，同时要授于某一地区的最高行政长官职权。这就是一份执照，允许他掌管地方财政收入，筹粮吃饷。有多少兵，就有多大的地盘。有军队，就有你这个派系存在，就有你的高官职位，没有军队，便一切形成泡影。地方派系的将军把军队看成是他们私人起家的资本，所以，在历次战争中，都有意保存自己的实力，即便看到友军被围，也往往坐视不顾。

1924年之后，国共合作，学习苏联，开办黄埔军校，建立军队中的政治工作制度，组建的国民革命军也号称“党军”。但国民党并没有真正学会以党治军。国共分裂，南京政府成立后，黄埔系就成了蒋介石的部队，服从蒋介石的指挥，构成所谓嫡系部队。蒋介石无论担任什么名义的高官，甚或下野，都能控制这支部队，而对其他部队，则无法直接指挥，必须同其将领在政治上协调，建立政治同盟，才能为己所用。

1927年之后，除黄埔系外，例如，桂系、粤系、阎锡山的晋系、冯玉祥的西北军

粤系军

辛亥革命中陈炯明指挥的粤军被听命于北洋军政府的龙济光部消灭。1917年7月，孙中山在广州成立护法军政府，重组粤军部队，由陈炯明任粤军总司令。1922年6月，陈炯明发动武装叛乱，粤军分裂为两派。陈炯明叛军在国民政府两次东征战争中被消灭，后追随孙中山的许崇智等部队被编为建国粤军。南京政府成立后，蒋介石将粤军各个派别击败，陈济棠、张发奎等粤军集团便依附于蒋的中央军半嫡系部队。

V 陈铭枢，曾任国民党第 19 路军总指挥。

系等等，都不是蒋介石能够直接指挥的。即使是原本亲蒋的陈铭枢指挥的第19路军，虽由孙中山命令邓铿组建的粤军第 1 师发展而来，属于国民党系统的元老部队，在北伐时期依附蒋介石。但就因为这支部队是陈铭枢训练出来，蒋介石是不可能越过陈铭枢去直接指挥的。正由于这种独立性，在“九一八事变”后，因调停宁汉冲突的机会，19路军进驻上海、苏南。尽管陈铭枢参加中央政府后，已经没有军职，但仍能摆脱蒋介石意旨，策动 19 路军独断地抵抗日军侵略，掀起了

国民党第19路军总指挥陈铭枢

广东合浦（今属广西）人。国民党陆军上将。保定陆军军官学校毕业。北伐战争时，任国民革命军11军军长兼武汉卫戍司令。1927年后任国民革命军总政治部副主任、广东省主席。1931年任国民党第19路军总指挥。“九一八事变”后任京沪卫戍司令。1933年，领导了“福建事变”。抗战胜利后，曾任中国国民党革命委员会中央常委，反对蒋介石独裁、内战政策。1949年秋在北京出席了中国人民政治协商会议。

“九一八事变”

1931年9月18日，日本驻中国东北境内的关东军蓄意炸毁南满铁路柳条沟地区桥梁一段，诬称中国军队有意破坏，当日夜间突然炮击沈阳，同时向吉林、黑龙江发动进攻。当时蒋介石命令东北军张学良部“绝对不得抵抗”，并撤至山海关内。19日日军占领沈阳，接着分兵侵占辽宁其他地区以及吉林、黑龙江两省，至1932年2月日军占领东北全境。从此东北三省沦为日本帝国主义的殖民地。

V“九一八事变”后，侵入中国东北的日军部队。

∧ 时任国民党第19路军军长的蔡廷锴（右）与淞沪警备司令杨虎合影。

“一·二八抗战”的悲壮一幕。陈铭枢在策动19路军组建反蒋抗日的福建人民政府时，已经长期统率19路军的总指挥蔡廷锴，对这位19路军的“祖师爷”就有所抱怨。蒋光鼐回忆说：“陈回国后，到过福建三次。一到福建，即以家长自居，直接插手到各机关部队去讲演、训话，俨然架在主席（指当时的福建省主席蒋光鼐）、总指挥之上。他的企图过早暴露出来，引起我们反感。”抗日战争爆发后，国民党系统内的派系战争已经停止，但直到解放战争结束，非黄埔系部队，蒋介石仍然无法直接指挥。

孟良崮战役过程中，解放军各部之间的团结与合作、同仇敌忾的气势是感人至深的。国民党军方面尽管一再强调要精诚合作，兵团司令强力节制，陆军总司令顾祝同在徐州坐镇指挥，蒋介石在南京统筹决策，但各部队之间的勾心斗角、尔虞我诈的局面却成为其落败的重要原因之一。

5月14日，国民党军第1兵团致整编74师的寒酉电称：

∧ 蒋介石与陈诚（中）亲临前线指挥作战。

匪来犯我实难得之歼匪良机，我钟军即由界湖附近向西，王胡两师由常路经蒙阴向东，求匪夹击。贵师为全局之枢纽，务希激励全体将士坚强沉毅固守孟良崮，并以一部占领垛庄，协同友军予匪痛击，以收预期之伟大战绩。

从这份电文中可以看出整编直到5月14日，国民党军指挥系统对于孟良崮战役的结果仍然是非常乐观的。

从当时的态势看，整编74师高踞在孟良崮上，吸引了华野5个纵队10万兵力的围攻，同时华野还以4个纵队的兵力，分别从左、右隔开了其与整编83师和整编25师的接触，又用6纵从后面堵住了他的退路。以74师的作战经验和强大的兵力，在华野彻底合围之前，不管向左还是向右，张灵甫都能够打通与83师和25师的通道，因为当时74师距离这两个师只有10多公里。张灵甫的副师长蔡仁杰和参谋长魏振钺都看到这对于74师而言是极为稳妥的战法。

但张灵甫的自负和效忠“党国”的情怀害了他，他并不是不明白粟裕要围歼自已的计谋。他要做的是“中心开花”。

面对险情，张灵甫“将计就计”，把部队拉上了孟良崮，主动让华野来包围自已，使自己的74师做一个“钓饵”。而在华野10多万兵力围住他的同时，周边的40多万国民党军还有从外面实施反包围的机会。张灵甫相信，周边几十万国民党军，近则只有10多公里，远也不过100多公里，他们开到孟良崮，最多不过半天、一天的时间。只要四面的国民党军一围过来，他的74师不但能解围，更能实现“中心开花”的效果，创造出在孟良崮围歼陈毅、粟裕华东解放军的奇迹。

蒋介石立马知道了张灵甫的用意，看清了这个歼灭陈毅、粟裕统率的华东解放军的机会，连忙飞到徐州，立即调动了11个整编师（军），亲自敦促顾祝同赶紧指挥各路大军开往孟良崮，围攻孟良崮的华东野战军主力，实施反包围，同时命令张灵甫坚守孟良崮，企图“里应外合、中心开花”。

到5月15日，孟良崮地区整个形成了以芦山为中心的绞肉磨盘。整编74师在中心，华野5个纵队包围74师，而国民党的50多万大军又在外围紧紧地包围着华野部队。

至此，对阵的双方各自下出了一步险棋，谁胜谁负则要看谁能抢在对手前面实现自己的作战意图。为此，战斗尤为惨烈，眼看包围圈越来越小，整编74师在孟良崮即将弹尽粮绝。蒋介石再也坐不住了，严令各路增援部队全力以赴，“否则以纵匪害国贻误战机论罪，决不宽容”。此时，距离最近的整编25师和整编83师离孟良崮只有5公里。

2. 甫霞心结

关于孟良崮战役的失败，很多人归咎于整编第83师师长李天霞的增援不力，有人直接说李天霞就是共产党潜伏在国民党军中的“特务”。

的确，李天霞和张灵甫之间在早期便埋下了不合的种子。1937

年抗战爆发后，张灵甫被释放，官复原职，戴罪立功，任第74军第51师第153旅第305团团长。在德安战役中，因献计奇袭张古山而一举成名，后任第153旅旅长，第58师副师长、师长，第74军副军长。并经蒋介石特批，成为陆军大学将官甲级班里惟一的少将。张灵甫在俞济时、王耀武的大力举荐下，坐上了被誉为"五大主力"之首的整编第74师师长宝座，因此得罪了竞争对手李天霞。对此，李一直耿耿于怀。

多年后，时任整编第83师第57团团长的罗文浪，在有关孟良崮战役的回忆中，详细地讲述了"甫霞心结"的由来：

1947年5月，蒋介石的嫡系部队整编74师在山东蒙阴、临沂间之孟良崮山地，被人民解放军所歼灭。这是解放战争中华东战场具有决定性的一次战役。我当时在参与这次战役的国民党军整编83师（原100军）中任57团团长，对于该师师长李天霞和整编74师（原74军）师长张灵甫之间以及王耀武、俞济时等人之间在这次战役中的勾心斗角的派系斗争，知之颇详。

1947年3月莱芜之役，国民党军第73军及第46军全部被歼灭后，蒋介石乃改全面进攻为重点进攻，妄图突破一处，以挽救华东战场的劣势，即以卫戍南京的整编74师（王耀武的基本部队、美械装备）由淮阴出涟水，进入鲁南之临沂，向蒙阴进攻。当时在该地区的国民党军由蒋的亲信汤恩伯统一指挥。汤驻临沂城，指挥的部队为7个整编师。蒋、汤都把74师当作"王牌"，令其担任主攻。山东解放军战术运用灵活，国民党军进入山东1个多月，并未与解放军发生主力战斗，只是每天行军，围绕着临沂团团转。至5月上旬，以74师为主力向蒙阴进攻，以整83师担任右侧掩护。按照蒋、汤部署，整83师应以1个旅（欠1个团）进出沂水西岸，确保主力右侧安全。但整83师师长李天霞由于与整74师师长张灵甫争当整编军长失败，并未按照蒋、汤命令行动。

李天霞是黄埔三期，与王耀武同期同学，曾当过张灵甫的上司，比张资格老。但李为人跋扈而又狡猾，为王耀武所忌；而张灵甫头脑比较简单，性情比较憨直，对王耀武表示绝对服从。因此在抗战时期王将李调为第100军军长，以施中诚为第74军军长作为过渡，在胜利后以张灵甫接充。内战开始后，张灵甫在南京就近走俞济时

∧ 抗战时期，任战时运输管理局局长的俞飞鹏（中）在督办滇缅公路修建时与当地士绅合影。

国民党总统府战略顾问委员会委员俞飞鹏

浙江奉北人，国民党陆军上将。曾任黄埔军校军需部副主任，行政院军需署署长，交通部代理部长等职。抗日战争时期，任战时运输管理局局长，兼任行政院交通部部长。抗日战争胜利后，任交通部部长兼交通运输局局长和公路局局长，行政院政务委员，总统府战略顾问委员会委员等职。1949年任国防部东南区点验整编委员会副主任委员，后去台湾。

门路。俞为74军第一任军长兼58师师长，系俞飞鹏之侄，与蒋介石既是同乡又有师生关系而兼瓜葛之亲，自调总统府第三局局长后，掌握特务，权势甚大。74军改为整编74师后，俞有意掌握该师，乃保张灵甫当整编第5军军长，企图以其旧部整编74师副师长蔡仁杰升充师长，命令已经签定，只待攻下蒙阴后，公布办理交接。

李天霞争当整编第5军军长既未成功，对张灵甫更加妒嫉，而且他个性狡猾，打仗时惯于保存实力（自诩为打巧仗，不打硬仗）。因此，他不照蒋介石命令派出部队，只令整编19旅57团派团副一员、率兵1个连、携带报话机1部，冒充旅部番号，进出沂水西岸游击。

我当时充任第57团团长，乃派少校团副王寿衡率兵1个连，携报话机1部，向沂水西岸进出。至5月11日，我奉令以全团进至垛庄以南之老猫窝山地，掩护整编74师右后方。12日黄昏，74师由蒙阴南撤至垛庄东孟良崮山地，我突然接到张灵甫电话，问我沂水西岸是哪支部队。我不能直说，只得支吾其词。张非常忿怒地说："你们搞的什么名堂？现在右翼出了毛病，我们有一个旅没有下来。共军大部过了河，形成包围。我已向国防部告了状。出了事，你们要负责。"他暴躁一阵之后，又比较和缓地说："霞公（指李天霞）是我的老长官，他上次受了处分（指在苏北作战失败，受到撤职留任处分），我心理非常难过。他现在又来耍滑头，你要告诉他赶快设法补救。我只等57旅撤下来，站住了脚，就不怕了。"

张灵甫的这些话，我当时没有转达，因为我有我的想法。我所带的这1个团是在苏北曾经两度被歼灭的残破部队，前团长被俘，无人收拾残局，我是由师参谋长被调去接任的。全团装备不全，士气颓丧，内中第3营是由伪军的1个团改编补充的，是全师战斗力最弱的一环，加上我又不是李天霞的旧部，自进入山东以后，李总是以这个团打头阵，其用意是纵然这个团牺牲了，于全师实力无损，他还可以拿来向上面报账。他的居心是十分毒辣的。

与张灵甫通电话后，我又接到汤恩伯电话，询问垛庄情况。他说："据飞机报告，垛庄已有敌军，究竟如何？"我说："垛庄并没有敌军，现在驻的是74师的辎重营和通讯营。"

黄昏前，自己的飞机扫射了一阵。我刚才还和74师通讯营廖营长通过电话。汤恩伯当时叫我转告74师，垛庄要派步兵确实占领，我当即转告蔡仁杰。事实上74师后撤已很紊乱，无力顾到垛庄，只将部队摆在孟良崮一带山地。12日晚9时许，我又接到李天霞电话询问前方情况，并对我指示说：“夜间作战要多准备变异，特别注意来往的路，要多控制几条。”接着又说：“你是很机警的。”这明明是暗示我，一旦有战斗就叫我后撤。可是不到半小时，又由19旅杨旅长转达师部电话命令：“57团占领现阵地，确保74师右侧安全，并归74师师长张灵甫就近指挥，除电张师长处，特令遵照。”我当即把李天霞刚才电话中的指示向杨报告。杨也不敢决定，叫我向汤恩伯请示。我和汤恩伯通电话，汤很简单地回答：“所有部队都不许动，我已令各师分途进击。”我当时想：李天霞一方面公开下令叫我归张灵甫指挥，一方面又用电话暗示我后撤，很明显，这是他的花招，一旦出了问题，国防部追究责任，他将以我为牺牲品。这时，我已预料到一场大风暴必将到来。

夜晚11时许，我团发生战斗，解放军猛攻第3营阵地。经过约4小时的战斗，该营瓦解后窜。至13日晨4时，第2营阵地又被突破，解放军冲到团指挥所。我率第1营及2营残部后撤，拂晓时已撤出包围圈，到达通往临沂的公路线上。

但由于我的任务是确保74师右侧安全，现74师仍在原阵地，我若率部南撤至临沂，则74师如出了问题，我将负完全责任。根据当时情况，我估计如果南撤，必受军法裁判；如向74师靠拢，尚有万一的生机。稍事休息整顿后，我乃率部冲入包围圈内，占领垛庄以东高地，向74师报到，与该师第58旅第172团并肩防守西南阵地。

13日晚，我正面无战斗，但北面和东面战斗颇激烈，彻夜枪炮声不绝，至天明始和缓。14日上午8时，我以报话机向旅部联络。旅部黎参谋长告诉我，他们距我们很近，已奉命令协同友军进击解围，叫我们安心固守，听好消息。1小时后，他又在报话机中告诉我，他们已奉令行动，要到傍晚才能联络通话。下午六七点钟，报话机要加上天线才能和旅部联络得上。虽然在通话中不能询问对方位置，但根据这种情况判断，旅的主力显然离我们比上午更远了。

14日晚间的战斗比13日晚更激烈，解放军炮兵集中向山地轰击，山鸣谷应，震耳欲聋，人马乱窜，伤亡颇多，加

之山地为岩石质，又不能挖掩蔽部，只是听天由命地挨打而已。至15日拂晓后，又稍加和缓。这天下午4时，垛庄已为解放军占领，我们在山地的水源断绝，饮水做饭发生严重问题。这天晚上，战斗空前激烈，枪炮声和炮火光、曳光弹、信号弹在天空交织闪亮，使死寂的山地面貌为之一变。这晚51旅主要阵地被突破，57旅也被截断。到16日拂晓时，有些部队已互失联系，阵地被截成数段。天明后，解放军攻击更加猛烈，连续反复冲锋。垛庄的解放军也向我山地进攻。

我和172团团长雷励群同在一处指挥应战，互相谈道，今天是最后关头，看情况很难逃

∧ 孟良崮战役中我军炮兵部队正进入阵地。

脱被歼灭的命运。不独听不到解围友军的枪声，连炮声也听不到，对他们已经绝望。目前不但弹药缺乏，最大的问题是饮水，官兵已渴得不能忍受。雷说：“极力主张占领孟良崮山地的是师部副参谋长李运良。”我开玩笑地说：“这是‘马谡拒谏失街亭’历史故事的重演。”根据我们的经验，在抗日战争中以及在内战中，解围的部队总是各存私心，不会真正前来解围的，什么分进合击，只不过是高级指挥官的主观愿望而已。由正午12时到下午2时，孟良崮高地师指挥所近旁，人马拥挤，东西乱窜，毫无指挥。我和雷以电话向师部联络，但各线都叫不通，用报话机也联络不上，我们判断师部或者正在准备突围。我和雷商量，等到黄昏时如仍不能和师部取得联络，即并肩向南突围。但是到了下午4时，阵地全被突破，解放军战士冲上山头，我当了解放军的俘虏。到5时左右，国民党军飞机还投下了许多弹药和食品，我看到真是哭笑不得。所谓孟良崮战役，就以国民党军的全部被歼灭而结束了。

我被俘后，被送到河北庆云华东高级军官团学习时，遇到整编74师司令部随从参谋（实际上无此编制，这是张灵甫学王耀武摆官架子，巧立此等名目）杨占春，谈到5月16日下午2时左右，74师已全线崩溃，师、旅、团、营都失去通讯联络，师指挥所山脚已有解放军部队。张灵甫见败局已成，无力挽回颓势，友军解围希望亦已断绝，就想演一出滑稽的“集体自杀”把戏。他先以无线电电告蒋介石，诉说友军见死不救，尤其对李天霞没有遵照命令派出部队掩护右侧安全，指为失败主因（实际上李天霞即使照命令行动，也不能挽救74师的被消灭），并将在指挥所的副师长以下、团长以上的军官姓名报告蒋介石，说要决心“集体自杀，以报校长培养之恩”。电报发出后，副师长蔡仁杰、58旅旅长卢醒拿出老婆、孩子的照片，相向而哭，不肯自杀。副参谋长李运良则假装自杀，弄得满脸血污，卧在石洞外边装死。

这出丑剧扮演未毕，解放军战士已冲上山头，副旅长明灿首先被手榴弹炸毙，张灵甫、蔡仁杰、卢醒以及57旅团长周安义等高级军官均在混乱中被击毙。我于1947年11月被放回国统区后，才知道蒋介石当时根据张灵甫的电报，曾大事宣传，并开追悼会，厚抚张、蔡、卢等遗族，还将美国送给他的1艘炮舰改名“灵甫”号，并将李天霞撤职押解徐州“剿总”军法处审判。但由于李天霞贪污的钱很多，他花了金条几十根，得宣告无罪。李的主要理由是他为了74师，牺牲了1个步兵团（即我所带的那个团）。

3. 黄百韬的心思

李天霞是真心实意地与张灵甫掣肘，而黄百韬就是死心塌地地去救援整编第74师了吗？时任整编第25师第148旅上校副旅长的武之歔回忆称：

国民党军整编25师于孟良崮张灵甫部被歼后，经蒙阴窜至大张庄，再至新泰以东穆店附近莱村。6月，蒋介石下令举行孟良崮战役检讨会议，令黄百韬参加。我去师部见参谋长李世镜，请示部队构筑自卫工事问题。遇李后，李说："黄师长快要去南京开会了，你可以见见他。"我随李前往，一进院门，见黄正在厅堂核校赴南京开会用的孟良崮战役经过图表，指示旁边站着的中校副参谋长陶文焕，对图表进行修改，神情忧虑。黄见我随李进来，便说："你来了好，你看师部参谋处绘制作战经过要图多么粗心，简直不能表达实际情况。我曾亲率4个步兵团，绕出本师作战地境线增援解围，可以说尽量抽出部队，全力以赴，可是在地图上竟不能显示出来。我们决不造假邀功，也决不能自己埋没自己呀！"说完后，拿起红蓝铅笔在图上作了修正，叫陶拿去赶快重新画。黄转过脸来，又对我说："你们多注意些吧，别叫解放军钻了空子，我要到南京开会去了。"我问："几时起身？何时回来？"黄说："一两天就走，何时回来，就不敢定了。"他沉吟了一下冷笑着说："也许不回来了。"声调低沉。接着黄又说："这次孟良崮打仗，汤老总（恩伯）叫我指挥张灵甫，难道张不听李天霞指挥，会听我的指挥。如今吃了败仗，汤老总称病一走了事，我们就吃不消了。唉，我们是杂牌，紧要关头，谁替我们说话……丑媳妇也不能怕见公婆，到生死关头就不能不把事情揭开了……"

7月初，黄百韬由南京开会归来，精神焕发，谈笑风生。黄百韬召集各旅长开会，谈起了南京开会情形。黄说："我一到南京先见了总长顾祝同（黄在第三战区当过顾祝同的参谋长），对顾详陈作战实情，请他帮忙，再没有求见别人；开会时，汤恩伯称病没有参加，蒋介石先听了各旅的战役经过报告，脸上显得很不愉快，与会者都感到事态严重。蒋最后讲话时，对张灵甫一再褒奖，对汤恩伯一言带过，说李天霞指挥不当，使张灵甫陷于孤立，而且坐视不救，立即撤职查办，关押起来（当场押去）。蒋说完，气愤愤地坐下。轮到我讲话，我简单地报告战况后，接着说：'汤司令官叫李天霞指挥张灵甫由垛庄进攻坦埠失利，退到孟良崮。张不服李的指挥，战况直接报告汤并报告徐州总部不报李。这是张、李之间的冲突，事情为大家所承认，是非功过，我不敢妄加评论。以后汤司令官命令整编74师改归我来指挥，说实话我一时接不上头。我遵令与张联络，无线电报难联络上。有一次联络上了，我问他现有战力、当前情况，他说得很简单，我用无线电密语与他商量，要他把后方靠近我师。我说这样纵然通临沂的

∧ 蒋介石与黄百韬合影。

国民党南京卫戍副总司令覃异之

广西宜山人。国民党陆军中将。黄埔军校第二期毕业。1938年3月任国民党军第52军25师参谋长、25师73旅旅长。武汉会战后，任第52军第195师师长。1943年春升任第52军副军长。1945年初任青年军204师师长，后任三青团中央干事。1947年9月，任第8兵团副司令兼52军军长，1948年任南京卫戍副总司令。1949年在香港起义。

联络点被切断，我们还可以利用费县的后方联络点，两个师靠在一起，就可以顶得住打。他说，他占领孟良崮山头，阵形已成定局，不能转动了，势必继续挺下去。我有一次通知他，你师不能靠近我，我改变计划，决心靠近你，于是我亲率4个团的兵力，越过作战边境线，增援孟良崮。当时如能争得一个山脚可使解放军不得合围，也好转面向东顶，也可以保住西面的安全。我打到界牌以东时，伤亡千余，时机已晚，他已牺牲了。这时我只得停下来，急谋自救。这是经过实情，请总裁调查，若我指挥不当，坐视不救，或是所报战斗经过不实，请总裁将我立即正法。我别无可说，听候命令。'我报告后休会，继续开会时，蒋介石的脸色松快了一些。以后他讲话说：'汤恩伯不在场，他为什么在作战紧急的时候变更指挥呢？黄师长关心友军，能临危救援，还算是好的……'说我还算好，我才把心中一块石头放下来。看开始时的情形，真是险哪……朋友也为我捏一把汗……"

我和第108旅旅长杨廷宴也曾谈过此事。杨说，黄带4个团救援整74师，是他向黄建议的。他说："我当时建议说，74师若有差错，虽然未归师长指挥，可是干系重大，若不找个借口，事后很难摆脱责任。应该亲率主力打一下，牺牲几个营，也应在所不惜，明知无济于事，也不能不这样做。这样黄才下决心救援74师。"据说，以后黄对杨的印象一直很好，这是原因之一。

由于在南京休养而未能参加孟良崮战役的整编74师原副师长覃异之，在《孟良崮战后调查记》中回忆道：

顾祝同曾经提到，认为孟良崮战役的计划是完全正确的，之所以没有打好，主要原因在于各兵团、各纵队、各军师彼此协同没有搞好，大

< 范汉杰，时任国民党军陆军副总司令。

家都想保存实力，对上级命令阳奉阴违，虚报战况，以致坐失战机，使整 74 师处于孤军不利之地。

5月10日第1兵团司令汤恩伯奉到陆军总部进攻命令后，于当日18时向各纵队、各师下达进攻部署命令，其要旨有如下各项：

1．陈毅主力似仍在蒙阴、新泰东北地区，其第 10 纵队流窜于博山，8、9 各纵队仍在莒县、沂水、坦埠地区。

2. 王敬久、欧震两兵团主力正分向博山、莱芜、南麻进攻中。

3．兵团于 5 月 11 日开始行动，先攻略坦埠，尔后与王、欧两兵团协同，向敌主力进攻以求一举歼灭。

4．整编 74 师、整编 25 师为主要进攻部队，统归第4纵队司令黄百韬指挥，除以一部控制孟良崮、北桃圩重点外，主力于 11 日先攻略三角山、水塘崮、杨家寨、黄鹿寨、黄斗顶山、芦家山坡、凤凰山等各高地；12日继续攻略坦埠而确保之。整65师仍巩固蒙阴防务。

5．第 2 纵队以有力一部向黑林附近进攻。

6．第 3 纵队应向夏庄、苏村、界湖之线进行威力搜索以备机动。

7．第 1 纵队（欠整 74 师）为兵团总预备队，以一部向界湖、马牧池之线威力搜索，主力控制在青驼寺以北地区，准备机动策应整 74 师的作战。

> 1947 年，国民党军向山东解放区发动重点进攻时，汤恩伯为国民党军最高指挥官。

根据兵团部署，整编74师张灵甫部，原属第1纵队李天霞指挥，这次进攻部署，改属第4纵队黄百韬指挥，是有其内在原因的。李天霞与张灵甫虽系黄埔同学，又为王耀武一手提拔的军官，但由于争权夺利、互相倾轧、各不信任。张素知李为人阴险毒辣，受其指挥，害怕上他的当。故未行动之前，张自请改由黄百韬指挥，认为黄系顾祝同的基本力量，藉以对顾表示信任；另一方面，可利用黄战力较强的整25师与他配合行动，可以做到相互支援，比李靠得住。汤恩伯采纳了张的意见，故临时将整74师改隶黄指挥。虽然如此，并未能消除张、李间的矛盾，相反的更加深了李天霞对张灵甫的仇视。同时黄也并不见得比李老实。

时任整编第9师师长的杨伯涛在《张灵甫部被歼时整编第9师的增援行动》一文中回忆道：

1947年5月14日前，我带着整编第9师驻新泰，一天，范汉杰给整9师下命令说："整74师张灵甫部在孟良崮叫人民解放军包围了。整9师师长王凌云要带整9师星夜前往，协同整编25师黄百韬部解张灵甫部之围。"

我接到范汉杰的命令后，于14日夜间从新泰向蒙阴之孟良崮急进。于15日下午到达蒙阴县以东之巨山，距孟良崮5余公里处与人民解放军发生接触。我把部队展开于巨山附近，一面与黄取得联系。据黄百韬说：15日下午他与孟良崮张灵甫部就联系不上了！并说他的正面与人民解放军打得很激烈，不易攻击前进。黄叫整9师与他的左翼靠拢并肩攻击前进。这时天已黑了，我当时看到的情况是蒋介石叫整25师黄百韬部倾全力以解张灵甫之围，但黄仅用了他1/2的兵力，即陈士章的一个整编旅（即一个师）。我当时对地形、敌情都不甚明了，又看到黄百韬把他的其他两个整编旅摆在孟良崮西北极有利的防御阵地桃圩的山窝里，我去见黄时，过了几道关卡才到了黄的师部。所以15日夜间，我也没有敢出击。

16日拂晓，我整9师一面向黄百韬的左翼靠拢，一面也采用黄百韬稳扎稳打的办法向包围孟良崮之人民解放军进攻。就在这时候，发现人民解放军于蒙阴以东的旧寨地区，向整9师左侧背攻击。这样，就迟滞了整9师向孟良崮的进攻。是日下午，孟良崮方向枪声紧时我却没有前进，以后枪声慢慢地稀少了。入夜，张灵甫部逃出的官兵说，张灵甫部已全部被消灭在孟良崮了。

整9师于17日早晨赶到孟良崮战场，抢获了一门美国式的“七五”山炮（这是解放军清理战场时遗漏的，是张部埋在沙里的），还有其他一些零星军用品。

张灵甫的整74师在孟良崮被歼灭后，蒋介石心里又疼又恨，于是年6月中旬在南京孝陵卫召开了检讨孟良崮战役的会议，我同黄百韬一路参加了该会。我同黄先到徐州见了顾祝同，黄对顾说有点害怕，顾对黄说：“你放心，我为你负责。”因顾竭力包庇黄百韬，蒋介石于无可奈何中，听了黄百韬一套假报告之后，仍然怒气不息，把黄大骂一顿，连说了几个该死。当时黄惊恐万状，在整个开会期间，饭就不能照常吃。会议最后，蒋介石说，尔后要看黄百韬的行动了，黄要再有这种行动，一定要严办。蒋介石还规定，尔后对人民解放军作战，再有像黄百韬的行动，定以军法从事，决不姑宽，等等。

①

★ ②

★ ③

★ ④

❶ 我军突击队员跳下船头，抢占滩头阵地。
❷ 我军涉水过江，向前线进军。
❸ 我军部队登陆作战。
❹ 我军某团指战员正在登船。

[亲历者的回忆]

王必成

(时任华东野战军第6纵队司令员)

孟良崮战役，我华野集中了**5**个纵队的优势兵力，在两翼钳制部队的有力配合下，以“从百万军中取上将首级”的英雄气概，将蒋介石王牌军整编第**74**师从重兵集团中挖出来，经**3**昼夜激战，一举全歼，震撼了敌军阵营，使进攻山东的各路敌军成了惊弓之鸟，全线崩溃，挫败了蒋介石重点进攻的计划。

这一胜利，大大鼓舞了广大军民斗志，为我军全面反攻准备了必要的条件。

孟良崮大捷，是毛泽东军事思想的伟大胜利，是华野前委灵活运用人民战争的战略战术原则，正确地实施作战指挥，和我山东广大军民团结一致，英勇善战的结果。

——摘自：王必成《飞兵激战孟良崮》

王诚汉

(时任华东野战军第1纵队独立师第1团团长)

一向以善于用兵著称的张灵甫在这时犯下了一个指挥上的错误，他指挥所部撤守到没有水源的孟良崮山顶。

这一地区，山上草木极少，岩石裸露，敌人断粮缺水，空投粮、弹、水囊又大部落入我军阵地上，数万敌人已成瓮中之鳖……

——摘自：《王诚汉回忆录》

第九章

众志成城孟良崮

∧ 胶东人民担架队向孟良崮前线进发。

华野前委下令“攻上孟良崮，活捉张灵甫”。陈毅给叶飞打电话：“情况十分严重，现在关键的问题是你们要不惜一切代价拿下孟良崮。”“哪怕1、4、6纵打光了，只要把敌人消灭了，也在所不惜。我给你们补充，恢复你们的番号！”整编74师东奔西突均被打回。8纵拿下万泉山，57团覆灭。空投不力，蒋介石成了“运输大队长”。

1. 6纵的政治动员

5月13日，华东野战军政治部向各纵下发了有关孟良崮战役的政治鼓动口号。这些口号今天看来仍然是铿锵有力掷地有声的：

“歼灭蒋顽74师！”

“活捉张灵甫！”

“争取此次战役胜利转变当前战局！”

“勇猛、机智、顽强战斗到底，彻底干脆歼灭敌人！”

“协同一致，互相配合，彻底歼灭敌人！”

“不怕一切疲劳，冲破一切障碍，不歼灭敌人决不停手！”

“忍饿耐渴，战胜一切困难，解救蒋占区苦难同胞！”

“爱护缴获品，实行‘以战养战’的方针！”

“优待俘虏，在战场上扩大部队！”

“打仗不忘爱民，遵守战时群众纪律！”

“发扬阶级友爱，加强战场急救工作！”

“在决定意义的战役中为人民立功最光荣！”

其中，“攻上孟良崮，活捉张灵甫”这段标语对于张灵甫的死亡之迷应当有很好的破解作用，这将在后面述及。

第6纵第18师的战斗动员令，生动而且具有强大的说服力：

此次情况与任务不允许我们有充裕时间进行战斗动员，要求我们以旺盛短促的火力来解决战前的动员工作，我部应根据此指示精神结合本单位实际情况进行之。为此，本部特提出如下动员要点：

峄枣大捷

1946年12月下旬，国民党军整编第26师及第1快速纵队，在向城、卞庄、长城一线转入防御。山东野战军和华中野战军决定以24个团担任阻击，集中主力27个团歼灭向城、卞庄地区之敌。1947年1月2日发起攻击，激战至4日，全歼守军。乘胜攻克峄县、枣庄，又歼敌整编第51师等部。20日战役结束，共歼敌5.3万余人。

1．要说明此次战斗意义。我们跑了一个多月，没有痛快地打一个好仗。这因为敌人在屡败之后，更加小心谨慎，集结兵力，齐头并进，惧我歼灭，使我难以找到有利时机下手。现在，敌人弱点暴露出来了，敌人又在犯错误了，我们不能放过歼灭敌人有利的“战机”，总部军首长下了最大的决心，要歼灭当面敌。这一仗打好了，可以改变南线战局，使蒋介石企图围困我之山地，制造我之困难之阴谋打得粉碎。我们把当面敌人干脆歼灭了，就把汤恩伯的第1兵团，打得稀里哗啦，更加动摇其他蒋军。这一仗打好了，我们可以掌握战争主动权，可以少跑很多路；我们可以要打仗就打仗，要休整就休整。

2．要说明此次作战对象。此次我们要打的是整编第74师和整编第25师，这两个部队都是我们“老相识”，也都是我们手下败将。74师虽然自吹为蒋介石的“五大主力之一”，但他是碰到我们不少硬钉子，尝过我们滋味的。去年两次涟水保卫战，我们把74师打得变成残废，慌忙溃退淮安，我们一直乘胜追至淮安城下，他只有招架，不敢还手。另外，现在的74师和去年的74师，已经“今非昔比”，部队素质变了，一年来伤亡惨重，老兵少了，补的一些新兵又没有战斗经验，战斗力大大削弱减低了，尤其是74师目前部队里的连、排干部，大都是没有实战经验，军校才出来的“后生”，掌握指挥战斗较之以前大大差得多了。他们虽有些美械武器，但弹药消耗很大，来源接济困难，辎重笨重，运输不便，且不适宜山地作战，故已经部分调换“中式装备”。尤其是5个月来，华东战场经过宿北大捷、鲁南兰陵、峄枣大捷、莱芜大捷，已使74师更加“寒心”，对内战毫无信心，长官士兵普遍畏惧，怕被我军歼灭。该师师长张灵甫，亦表悲观，曾要求国防部将该师调往南京整训，遭陈诚拒绝。张灵甫又打了几次请病假休息的报告，也未获得允准。该部到达鲁南地区后，更加人人自危，动摇恐慌。

还要强调说明：74师是我们的“死对头”，是蒋介石一支反共得力武装。我们为了歼灭他，不知跑了多少冤枉路，去年一次已经布置好了打他，因为情况的变化而便宜了他。我来山东，他已赶来了，今天是“仇人相见，分外眼红”，如今他自己送上门来了，再不好好收拾他，等待何时？今天是我们报仇雪恨的机会到了！

3．说明我们胜利的条件：

（1）这次敌人自己犯了错误，耍龙灯耍掉了队，脱了节，便于我们一口吃掉；

（2）去年在涟水，我们只以两个纵队，已经把他打得落花流水，头破血流，这次我们集结了几倍以上的兄弟纵队配合我们打，我们好几个打他一个，插翅也难飞掉；

（3）我们跑了一个多月，跑出一肚子恼火，正没处出气，他送上门来，正好让我出出气，狠狠地揍他一顿。

4．说明战斗中要注意的事：

（1）运动迅速，动作勇猛，进攻坚决，服从命令，完成任务，发扬我们”三猛三得“的传统精神；

（2）注意隐蔽肃静，减少不必要的伤亡；

（3）猛打穷追、不怕疲劳、不让敌人有喘气机会；

（4）注意战场同兄弟部队团结，协同动作，配合一致。

5．动员方法：各部队应结合立功运动，广泛号召到战场去立功，在战斗过程中，亦应通过报记功方法，不断激励士气，鼓舞斗志，在战前各连可召开一次“诸葛亮会议”，通过群众路线进行战术教育，并强调智勇结合，号召灵活，机动歼灭敌人。

这种师部的动员令，文风朴实而又虎虎有生气，在战时的确可以很好地激励士气。

2. 叶飞受命

战场态势是非常严峻的。国民党军已调动了大量的兵力向孟良崮增援，近者不足10公里，远者亦仅两天的行程；华野各阻援部队的压力越来越大，这就要求主攻部队必须及时拿下整编第74师，否则后果将不堪设想。

陈毅响亮地提出：“歼灭敌74师，活捉张灵甫！”的口号。

广大指战员立下了“攻上孟良崮，活捉张灵甫”，“消灭74师立大功，红旗插上最高峰”的誓言。在这个口号的鼓舞下，地方的同志积极支援前线，调运粮草；各级指挥员到第一线指挥，各个作战部队都准时进入集结位置，深入进行政治动员，完成了出击的准备。

在决战动员会上，面对疯狂的敌人，陈毅司令员气愤地说：“蒋介石以为有美帝国主义撑腰，有飞机、大炮，就打不败了，就能一辈子骑在人民头上，那是做梦！蒋介石不是以为我们对付74师没有办法吗？我们一定要消灭74师！我们一定要把他的几百万军队统统消灭掉，解放全中国！只要蒋介石愿意打下去，我们一定奉陪到底。”

陈毅通宵达旦地坐镇指挥部。他拿起电话要1纵：“叶飞吗？党中央、毛主席又来了指示，说不要贪多，首先歼灭74师。现在敌人的10个整编师围在我们四周。当前你们的主要任务是协同兄弟纵队把74师这个轴心敲掉。这样，敌人就没有指望了。我们也就免得两面作战了。如果拖延下去，情况的逆转是可以预料的。”

叶飞是中国人民解放军的著名将领，以骁勇善战著称，被称为三野“悍将”，在军内外享有盛誉，1955年被授予上将军衔。叶飞曾任华东野战军第1纵队司令员兼政委，第三野战军第10兵团司令员，福州军区司令员、第一政委，海军司令员，全国人大常委会副委员长等要职。在1955年授衔的共和国将军中，曾有过越南籍的洪水少将，但在开国上将中，却惟有叶飞具有双重

< 洪水，1955年被授予少将军衔。

> 解放战争时期的陈毅。

洪　水

越南河内人。黄埔军校四期毕业。土地革命战争时期，任广东省东江游击队连政治委员，红12军34师团政治委员、师政治部主任，红军学校工农剧社社长。抗日战争时期，任中共晋东北地委宣传部部长，晋察冀边区《抗敌报》报社社长，晋察冀边区宣传科科长。1945年应越南劳动党之邀赴越南参加抗法战争，任第四、五战区司令员兼政治委员。

国籍（另一国籍为菲律宾国籍）身份。叶飞传奇般的军事生涯，今天仍被人们所津津乐道地谈及。

为在孟良崮全歼美械装备的国民党军”五大主力“之一的整编74师，华野首长陈毅、粟裕决定集中优势兵力，从“百万军中‘剜出’上将首级”（陈毅语）。1947年5月13日，孟良崮战斗打响。敌整编74师师长张灵甫发觉我大部队抵达其周围，则改变策略，固守孟良崮及以西之600、540、520高地坚守待援。

15日晚10时，陈毅给在孟良崮前线的华野1纵司令员叶飞来电话说：“敌整9师、整11师已靠近蒙阴，第5军已到新泰，

整64师已到青驼寺。如在明天（16日）拂晓前不能全歼整74师，则我军将陷入敌人包围。”

陈毅在电话里沉默了半晌，然后又说：“叶飞啊，无论如何要在16日拂晓前拿下孟良崮，消灭整74师，我们就全盘皆活了！”陈毅果断地授权叶飞统一指挥华野1、4、6、9纵总攻孟良崮。陈毅对叶飞强调指出：“不论付出多大代价，哪怕拼掉两个纵队，也要完成任务！”“哪怕1、4、6纵打光了，只要把敌人消灭了，也在所不惜。我给你们补充，恢复你们的番号！”

陈毅给叶飞打完电话，又给9纵的许世友打电话：“许司令吗？现在各路援敌节节逼近，打援阻援的部队打得很艰苦，很顽强。聚歼74师，成败在此一举，我们能争得的时间已经不多了，你们要尽快把孟良崮拿下来！”性情似火的陈毅的大嗓门喊得指挥所内外人人变色。他对许世友说：“现在要不惜一切代价，把孟良崮拿下来！你们打掉一千，我

< 许世友，1955年被授予上将军衔。

许世友

河南新县人。土地革命战争时期，任红四方面军第12师34团团长，红9军副军长兼25师师长，红4军军长，红四方面军骑兵司令员等职。抗日战争时期，任抗大校务部副部长，八路军129师386旅副旅长，山东纵队第3旅旅长，山东纵队参谋长，胶东军区司令员。解放战争时期，任华东野战军第9纵队司令员，东线兵团司令员，山东军区副司令员、司令员。

给你们补充一千；打掉二千，补充二千！谁攻上孟良崮谁就是英雄！”

各位纵队司令都有斩钉截铁的回答，然后立即把这种意志用电话向师长们传达。许世友亲提大刀冲至第一线，并下令：“全纵师长当团长，团长当营长，营长当连长，随我向前冲！”

5月15日，华野发起对整编第74师的总攻。华东野战军从四面八方多路向整编第74师突击，敌则竭力顽抗。双方对大碾、雕窝、孟良崮东北高地等重要阵地进行了反复争夺。

敌军火力有组织地反击，急雨般的榴弹飞落在我突击队中，重迫击炮、山炮打向半山腰，机枪子弹打在山石上，火花迸射。

天不亮，两架敌机在山顶盘旋，敌军企图出击反扑，将解放军打下山去。

敌我双方一开始就实施炮火对攻。在争夺阵地时，双方展开了拉锯战。每个山头、高地都需要付出重大伤亡、数次易手后才能最后夺得，战斗进行得非常残酷、激烈。在

战斗最激烈的时候，陈毅、粟裕在靠近战场的艾山脚下一个扫把形岩洞里指挥。由于我军在兵力上占绝对优势，敌军除炮击外，坦克和装甲车难以展开，伤亡惨重。当天下午，敌军全力开始向南面突围，但被我第6纵队打了回去。第一次突围失败后，张灵甫又指挥所部向东和向西突围，均遭失败。第三次突围失败后，敌军被我军压缩到孟良崮、芦山等几个山头上。

冲锋仍在继续进行，7次冲锋，都给压了下来。最终，华野部队还是冲上各高地，将守敌彻底歼灭。

3. 抵近指挥

双山是孟良崮战役陈毅指挥所所在地，原名西王庄，位于山东沂水县西部山区，靠近蒙阴坦埠。华东野战军司令员陈毅的指挥所就设在这里，指挥了闻名全国的孟良崮战役。

1947年5月3日下午4点多钟，陈毅率领华野指挥机关驻扎双山村，一进村庄便与中共王庄区委联系，并立即安排部队开始挖洞，用门板、木棒搭成了防空洞，作为孟良崮战役的指挥地点。洞有两米多高，里边放着一张木桌，开会时用，洞前是一道沟，借助这有利的地理位置，在沟上面放上苇簿和一些树枝，把洞前的这一道沟就遮盖起来，这样一个临时的指挥所便建成了。沟内是小燕树，洞上是一些榆树，桑树等，是一个非常隐蔽的地方。吃饭时，陈毅和七八个警卫员一同从洞内上伙房吃饭，吃完饭就立即进洞办公。

国民党军侦察飞机天天飞过来，一直到战役结束，也没发现陈毅的住处。

5月9日，陈毅接到毛泽东主席的电报，华野指挥部在双山召开了具有重要意义的会议。这是以陈毅、粟裕为首的几位华野领导人，根据毛主席的电报指示，在全面分析了敌我双方当前的对峙态势后，决定召开的。会议决定："放敌人进入蒙阴、新泰、莱芜之西，然后寻机歼敌，

∨ 陈毅（举望远镜者）、粟裕（左二）亲临前线指挥。

< 我军某部正向孟良崮敌人盘踞的高地发起冲锋。

V 陈毅与粟裕在长期的战斗生涯中结下了深厚的战友情谊。

同时，第1、第7纵队停止南下，第1纵队以一个师警戒蒙阴敌65师东援，主力由北向南截断敌25师与74师联系而歼灭之，第3师为第二梯队，以2师为主向纵深穿插，直取孟良崮；第2纵队集结在界湖至张庄集、高柱山、黄崖顶地带，保障8纵作战翼侧之安全，并策应7纵对桂7军48师之阻击；第3纵队于南线战斗打响后，即南移新泰以东，并以一部插入新泰南北地区，阻击敌11师之南援，保障南线作战胜利结束，其余部分则位于常路东北大路坡、蔡庄地区待命参战；第4纵队攻取芦山，围歼74师；第5纵队主力配合一纵会攻垛庄，围歼74师；第6纵队，取捷径从平邑、铜石赶到青驼、垛庄一线，配合正面我军围歼74师；第7纵队位于莒县以西沂水以南地区钳制桂顽，保障主力作战之安全；第8纵队以全力从沂水、黄山铺经由薄板台、依汶庄、东西官庄、盘龙山、红山崮、荆山、响马山、桃花山、磊石山攻击前进，以23师一部进占营后，小埠、泉桥，切断敌人退路，尔后回攻万泉山之敌，并派一团兵力阻击83师之援敌；第9纵队以一个师控制坦埠及西南罗汗山、无影庄、明峪、马山、红山、赤洋庄，桃花坪至蓝石山之线，坚决抗击进攻之敌，其主力控制坦埠东南地区，配合正面阻击部队，由东北向西南出击，经马牧池、东西辛庄、南北瓦庄攻占雕窝要点，尔后配合4纵会攻芦山阵地，同歼74师；第10纵队位于博山西南山区，并积极攻势防御向敌第5军进击，并虚张声势经吸引敌第5军及第11、第75、第85师等部向北，使敌无法南援。”并提出不性急，不分兵的战略主张，为打大仗、打硬仗、打恶仗做好准备。

这次会议是华野在极端严峻的处境中召开的。它为孟良崮战役的胜利，扭转华东战局，奠定了重要的思想基础，是一次成功的、胜利的大会。

5月13日，中央军委和毛泽东主席总攻令下达后，陈毅在指挥所内提笔写下一首《七律诗》：

孟良崮上鬼神嚎，七十四师无地逃。
蒋贼专横嗟命薄，美帝侵略走空劳。
华东战场捉笼鸟，沂蒙山区似虎牢，
原野麦黄家家足，人民军队胆气豪。

孟良崮战役打响时，枪炮声在双山村都听得很清楚。陈毅的指挥所与外界联络的电话都成捆，电话线铺得满地都是，他一拿起电话，满耳的枪炮声。陈毅司令员那富有鼓舞的号召，常常压过震耳欲聋的枪炮声，回荡在我军将士的耳畔，使战士们敢于枪林弹雨中去冒死冲锋。

同样，粟裕的指挥所十分靠前，设在坦埠以西艾山脚下的岩洞里。从这里向南，直到孟良崮，是一片开阔的山间平地，站在艾山南麓，可以用望远镜直接观察战场情况。

❶ 我军炮兵进入阵地。

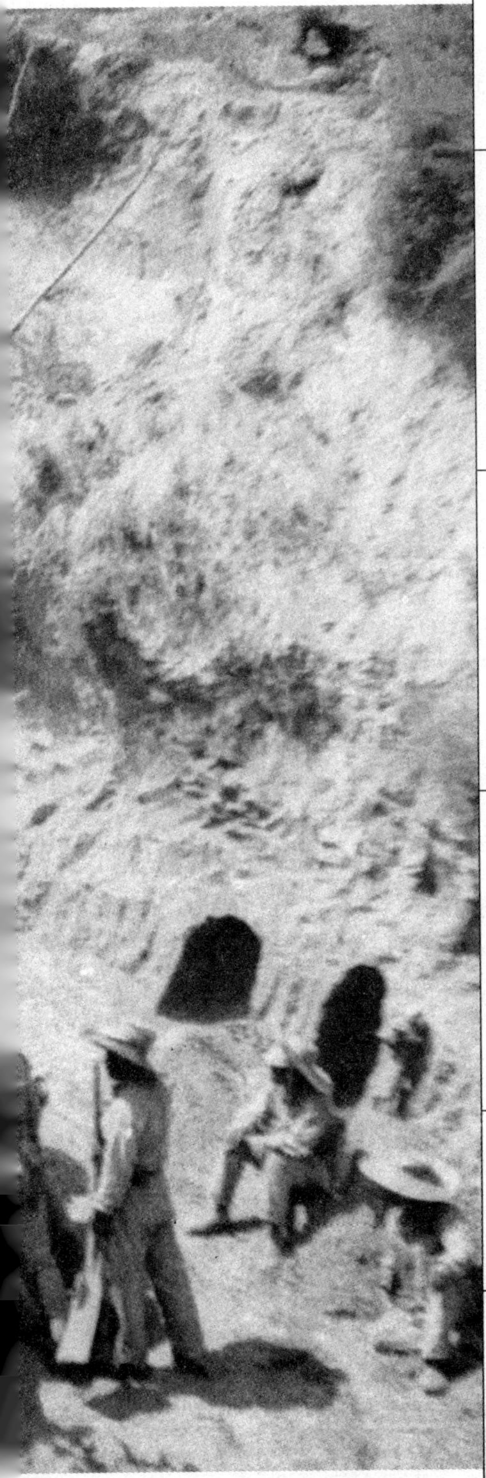

②

③

④

⑤

❷ 我军某部冲向敌阵地。
❸ 隐蔽在林中待命的我军部队。
❹ 我军某部突击队追击敌人。
❺ 我军冒着严寒向前线挺进。

陈士榘

(时任华东野战军参谋长)

15日这一天最为紧张，是我们集中主力四面围歼缩在芦山、孟良崮的整编第74师及其在援兵接应下拼命反攻的决死战。敌我双方都是以主力对主力，以进攻对进攻，都期求全力、快速战胜对方。我华野如不能在很短的时间内消灭敌整编第74师，将陷于被动地位。在这关键时刻，华野首长对全体参战部队下了最坚决的命令。陈老总发出号召："歼灭整编第74师，活捉张灵甫。"

部队战士响应号召，编写了一首歌曲：

"端起愤怒的刺刀，刀刀血染红！射出仇恨的子弹，打进敌人的心胸！人民战士个个是英雄，飞跨沂蒙山万重。攻上孟良崮，活捉张灵甫，消灭74师立奇功！红旗插上最高峰！红旗插上最高峰！"

陈毅司令员看到这首歌，称赞说："写得好！你们是英雄，又是诗人，可算是英雄诗人，那就要唱到做到。"

——摘自：陈士榘《孟良崮战役》

王诚汉

（时任华东野战军第1纵队独立师第1团团长）

我以为在战役之初是没有人知道这次战役会被以“孟良崮战役”的名称载入史册，因为这次战役的最后决战地点具有很大的偶然性，能把国民党整编第74师压迫到孟良崮山上加以歼灭，完全是根据作战双方的实际情况随机演变而选择的终场舞台。

——摘自：《王诚汉回忆录》

第十章

王必成雪洗涟水之耻

∧ 1939 年 3 月，周恩来前往新四军军部视察时在干部会上讲话。

6纵与74师是老冤家，二战涟水，6纵损失5,000人，王必成挨骂不语，见到粟裕只说了一句话："打74师，绝不要忘了6纵。"芦山主峰在望，王必成使出"撒手锏"，皮定均命令何凤山率特务团拿下芦山。何凤山采取前轻后重战术，一个一个地敲掉敌军火力点。绝地无水，勃朗宁重机枪失灵。"老虎团"攻上主峰，涟水之耻为之雪洗。

1."老虎来了"

第6纵队司令员王必成举起望远镜，静静地凝视着近在咫尺的芦山主峰，在阵阵硝烟中张灵甫指挥所的洞口已经若隐若现。

警卫员在旁边清晰地听到王司令发出了一声叹息。这声叹息意味深长，既有成功在即的喜悦，又有尘埃落定的意兴阑珊，这符合王必成的性格。

王必成，湖北省麻城县人。1928年参加本地赤卫队，同年加入中国共产主义青年团。1929年参加中国工农红军。1930年由团转入中国共产党。土地革命战争时期，任红4方面军第10师第3团通信队长、连长、连政治指导员，第10师第30团营长，红30军第88师第263团营政治委员，第89师第265团副团长、第267团团长、副师长。参加了长征。抗日战争时期，任新4军第1支队第2团参谋长、团长，新四军苏北指挥部第2纵队司令员，第1师第2旅旅长，第16旅旅长，苏浙军区第1纵队司令员。解放战争时期，任新4军新6师副师长，华中野战军第6纵队司令员，华东野战军第6纵队司令员。

乍一看王必成，绝不会想到他是员能征善战的虎将。曾在江南指挥部任见习参谋的恽前程回忆他1939年11月第一次见王必成的感觉时称，"他身穿灰布军装，小腿打绑腿，腰系皮带，着装整齐清洁。看上去很年轻，大约二十五六岁的样子，身材不高，体瘦不胖，脸面嫩白，与我想像中的形象不一样，不像个能征善战、英武魁伟的战将，倒像个体弱的小学教师。"

曾在新四军2纵工作的马苏政回忆道：

虽然见过他几次，但时间较短，而此刻他就坐在台上，距我很近，于是我仔细打量他，感到惊讶。只见他身材瘦小，个儿比刘培善政委矮一截，面孔白净，斯斯文文，听到刘少奇同志的褒奖时，竟然十分腼腆地垂下了眼皮，看着桌子，两只手似乎也不知往哪儿放才好，难道这就是日伪军听到他的名字便头痛的王老虎？

王必成的老伴陈瑛则是这样回忆的：

王必成看上去文雅，打起仗来却十分勇猛，人称“王老虎”，在他的带领下战士们也勇猛异常。在由阜宁向东台转移的过程中，部队要穿过敌人的封锁线，连续三天晚上行军，每晚要走60公里，随队的女干事一点也不能落后，三天只吃两顿饭，晚上有稻草铺着睡觉就是运气了。抗战初期，在陈毅领导下，王必成率领的新四军第2团，以创建茅山为中心的根据地、连战连胜等战绩，被誉为“老虎团”。

关于王老虎，有几则故事足以反映他的性格：

王必成平时言语不多，但在关键时刻，说出的话却掷地有声。1941年，王必成的第2旅（此时2纵队改编成新四军第16旅）奉命到苏南，与那里的新四军16旅合编后仍归16旅，王必成任旅长，江渭清任政委。合并不久，即遇顾祝同调集12个团2万人，气势汹汹地直逼溧水、溧阳地区。顽军提的口号是“打死王必成，活捉江渭清”。战斗打响后，情况对我不利。敌人以优势兵力对我形成包围态势。王必成、江渭清召集团以上干部分配任务，当旅参谋长陈铁军刚汇报完敌情时，王必成就说：“眼下处于战斗紧要关头，没时间细讨论，就请政委下决心，我们坚决执行。”这句话使当政委的江渭清又惊讶又感动，因为这是到江南来王江第一次合作打这样大规模、敌我力量很悬殊的仗，王必成就这样信任他。时间不容客套、推让。江渭清根据粟裕指示，立即向4个主力团发布了命令。最后江渭清还加了一句：“完不成任务，团长、政委军法处置。”江渭清后来回忆：“这种话我是很少说的，但那次我却说了。”可见情况之危急。就在江渭清说完那句话后，王必成突然接上来说：“江政委太客气了，完不成任务，团长、政委提头来见！散会。”军中无戏言，一旦执行起战场纪律，那可真是六亲不认，结果是我军顺利突围，还顺手牵羊，歼敌1,200余人。

1946年10月涟水之战后，王必成率第6纵队北上鲁南。鲁南战役后转移到临沂以西休整。此时，粟裕领导的华中野战军与陈毅领导的山东野战军会合，统一改编为华东野战军，王必成的第6师改编为第6纵队，王必成任司令员，江渭清任政委，皮定均任副司令员。山东老根据地人民群众对待子弟兵非常热情，因为生活习惯甚至语言都大不相同，山东老乡将苏中部队归纳了三奇：第一奇，讲话像鸟啼，叽里哇啦，一句话也听不懂，好像来了一批外国兵；第二奇，个个留头发，好像来了一批学生兵；第三奇，不少人盖着五颜六色的绸面棉被，有人还穿着绸衬衣，好像来了一批少爷兵。老乡们悄悄议论起来："这样的部队还能打仗？"年轻战士接受新事物比较快，学了几句山东话，加上手势比划，就能交流情况。山东老大爷、老大娘终于弄清了这支部队来自出产丝绸的鱼米之乡，穿件绸衣，盖条绸被，并不一定是地主、资产阶级；习惯于留个小分头，也不是"腐化堕落"，并知道了这支部队长期在大江南北作战，是一支很能打仗的部队。

1947年解放战争的莱芜战场上，一个被俘的敌军军官这样说："当听说与我们打仗的是'王老虎'的部队，就知道这一仗我们是输定了。"解放以后，"王老虎"的余威仍在，只要一听到他的名字，敌人依然是闻风丧胆。1969年，南京军区副司令王必成被毛泽东派到云南，任昆明军区第一副司令员，后来又担任了昆明军区司令员。王必成的到来，对盘踞在云南境外"金三角"地带的国民党军残部，是个坏消息。"王老虎

V 抗战时期的王必成（左二）与战友们在苏南合影。

∧ 两淮保卫战中，我军某部正通过浮桥。

来云南，日子不好过了！”猥集在“金三角”的国民党残部议论纷纷，惶惶不可终日。这群国民党军残兵败将中的许多人曾经领教过“王老虎”的厉害，王必成来云南挂帅，他们着实紧张。因此他们急忙重新研究对策，1970年一年即派遣特务8次12人，对大陆进行侦察，结果除1人被击毙外，其余全部被抓。1971年，他们再派出两名特务，这两名特务在畹町境外窥测3天3夜，竟不敢入境。1971年7月，我军在盈江县芒线勐俄寨抓获美蒋特务机关“美新处”特务组长杨世才等两人。审讯时，杨世才说：“我的上司说江南的王老虎来云南了，万万不可轻举妄动。”

2. 涟水之耻

“二虎相争必有一伤”，这都是强者与强者对话的精彩总结。

“打74师不要忘了6纵”，这是王必成，也是第6纵全体将士在经历了锥心之痛后发出的泣血之言。不管是在苏北还是在鲁南，不管是大踏步地后退还是冒着枪林弹雨

地冲杀，他们灼热的、好战的双眼都在寻觅着这个老对手，渴望着再度与其相逢，轰轰烈烈地干上一大仗。

6 纵与整编第 74 师的恩怨并不久远，却是那样地深入骨髓，因为这是两支同样善打恶仗、同样高度自信的王牌部队。

抗战胜利后的1946年6月下旬，蒋介石调集50万大军对苏皖解放区大举进攻。其中，国民党“五大主力”之列的整编74 师、第 5 军和素有“钢军”之称的第 7 军的战斗力最强。开战伊始，敌军兵锋甚猛，天空中战机隆隆，地面上坦克滚滚。华中野战军在粟裕的指挥下，七战七捷，歼敌5万，逐渐控制了战场态势。其中王必成率领第6师在一个半月内接连五战，歼敌1.2万人。苏中战场胜利在望，相邻的淮南解放区形势却急剧恶化。在国民党军三支主力的强攻下，解放军被迫撤出淮南根据地。随后，张灵甫率领 74 师沿运河长驱直入，兵锋直指淮阴。

淮阴是苏皖解放区的首府，战略地位重要，得失事关全局。因此，解放军山东、华中野战军主力紧急驰援。粟裕一面飞调成钧、皮定均赶往淮阴城下，阻击 74 师；一面亲率第 1、第 6 师从海安城下撤围，奔赴淮阴，准备围歼 74 师。

＜我军某部在淮阴保卫战前沿阵地阻击敌人。

华野主力到达前，淮阴守军顽强抵抗，使74师在城下寸步难进。眼看华野主力就要赶到，74师处境危急。千钧一发之时，张灵甫的狡诈与勇悍开始体现出来。他派出一支小部队，在夜色掩护下发动偷袭，突破点就选在防线中央一处。从战术角度看是最难突破的地段。守城部队未料到一向害怕夜战的敌军居然敢于夜袭，更想不到进攻的地点恰在防线最坚固地段。74师血战破阵，张灵甫挥军入城。一天后，华野主力赶到，但战机已失，只好撤退。张灵甫乘胜挥师南进，3天后又占淮安。至此，两淮地区失陷，解放军退到苏北根据地。

淮阴失守后，双方争夺的锋芒，转到了苏北的重镇涟水城。

1946年10月22日，整编74师集中全部炮兵，对涟水城的南门渡口发起撼天动地的炮击，部队乘橡皮舟渡过废黄河。解放军守军一个排舍生力战，全部牺牲，南门渡口失守。74师直扑涟水城，幸而援军及时反击，重新封闭了突破口。但74师已经在河岸立住了脚跟，并在河面上架起了浮桥，准备第二轮猛攻。

25日，整编74师与解放军激战一天。下午4时，74师突然投入了一个团的生力军，不待重炮和飞机掩护便发起冲锋。此时，解放军守备部队已伤亡严重，疲惫不堪。74师终于在城南防线中央撕开一个宽大缺口，直扑涟水城。

这个时候，王必成率第6师赶到。前卫第18旅冲破敌军飞机、大炮编织的一堵堵火墙，及时增援城南阵地，74师开始溃退。东门外，6师和敌人拼起刺刀，硬是用刺刀在短短一小时内干脆利落地歼灭了74师一个营。张灵甫明白，这回碰上华野主力了，但他还不知道，眼前的对手就是江南赫赫有名的“王老虎”王必成。

26日大战再起，张灵甫倾注全力，发起猛烈进攻。这是王必成与张灵甫的首次正式大战。直到多年以后，6师将士仍对当年这支国民党“御林军”印象深刻：74师官兵军服与其他国民党军部队不一样，清一色的美式服装和墨绿色钢盔，显得威风神气；74师装备也强，炮多、机枪多、冲锋枪和卡宾枪多，火力之猛是关内其他国民党军无法相比的；74师部队训练有素，战术动作纯熟，善于利用地形地物；士兵体力强，冲锋格外凶狠，且骄横异常，自称“天下第一师”。

这一天，74师连续发动8次突袭，却始终无法撼动6师的防线。入夜后，6师发起反击。夜雾弥漫的废黄河边，杀声和刺刀磕碰声混成一片。仅仅两个小时便全歼废黄河北岸的74师57旅2个营，许多国民党军官淹死在冰冷的河水里。在这次战斗中，6师16旅一位名叫茅永年的副班长，只身活捉了74师一个副团长及以下83名俘虏。

28日，华中野战军主力部队全部赶到，粟裕下达了歼灭74师的命令。30日夜，华野全线展开进攻，陶勇的1师和王必成的6师更是势不可当，如猛虎下山般扑向74师。张灵甫见势头不妙，仓皇逃回淮阴城。

涟水之战一个月后，整编第74师在国民党军其他部队配合下，再犯涟水。此时，陈毅、粟裕正在北线准备宿北战役，坐镇南线的谭震林决定来个硬碰硬，将王必成第

V 我军机枪手向敌猛烈扫射。

6 师摆在涟水南面，对决 74 师。

然而这一回，无论王必成，还是谭震林，都低估了张灵甫。张灵甫进攻涟水南面仅仅是佯攻，正当6师在涟水城南苦战之际，张灵甫亲率74师主力绕道从西面直扑涟水。华中野战军的侦察人员截听到74师搜索营从涟水城西面发出的无线电信号，但没有引起涟水城内的警觉。

14 日拂晓，整编 74 师主力在城西突然出现，第一道防线当天就被突破。傍晚，74 师的后锋进至废黄河大堤。6 师急忙抽调一个旅返城。然而，74 师动作异常迅猛，在当夜集中重兵向第二道防线强攻，突破多处解放军阵地，涟水形势万分危急。

15 日上午，奉命支援的 6 师 16 旅赶到。74 师在兵力和火力上都占压倒优势，王必成亲自赶赴城西前线，6 师的敢死队呐喊着，端着卷刃的刺刀，硬是把 74 师赶了下去。当即，谭震林紧急命令 6 师 18 旅回援涟水城。

如果是对其他国民党军将领，也许战场形势会就此出现转机。然而战场上的张灵甫像狐狸一样敏锐狡猾，他抓住王必成援军未到的时机，调集城西和城南两大进攻集团，集中炮火向解放军城西阵地猛烈轰击。惊天的炮火之后，74 师以营、团为单位，连续发起凶狠的集团冲锋，无数暗绿色钢盔汇成狂澜恶浪，很快卷上了大堤阵地。双方展开激烈的白刃肉搏，城西大堤上下一片刀光血影。敌军依靠数量的优势，从多处冲决解放军的防线，涌向涟水城垣。

中午时分，74 师从涟水西门、南门先后突进城内，与解放军展开了血战。经受过严格巷战训练的 74 师，以班、排为单位，充分发挥美式火焰喷射器和 M1 “巴祖卡” 火箭筒的威力，与解放军进行逐街逐屋的争夺。

在敌强我弱的形势下，解放军守城部队在当天下午先后撤退。6 师主力撤出时，王必成凝视着涟水城内冲天的浓烟烈火，青筋暴露，死盯不动，最后被警卫员和参谋人员强推出去。

第二次涟水之战，我军共毙伤敌军 8,000 余人，但自身也付出了重大代价，仅 6 师就有 5,000 多名指战员血洒疆场。在 6 师的作战史上，如此的伤亡是前所未有的。尤其令王必成痛心的是，有些部队被困在城里未能冲出，绝大部分壮烈牺牲。

张灵甫报了前仇，春风得意。他率领一群高级军官，来到那座古塔下合影留念。实际上，二战涟水张灵甫虽然胜了，但74师前后伤亡近万人，基层战斗骨干损失惨重。孟良崮战役后，被俘的74师旅团长们都认为“涟水战后，本师元气亏损，一蹶不振”是造成后来覆灭的重要原因。

涟水失陷，三野主要领导同志决定将王必成撤职查办。但粟裕了解王必成，认为他是一员不可多得的战将，主张改为留职检查。这也许是虎将王必成一生中最难堪的时刻。他对陈毅、粟裕说：“日后打74师，绝对不要忘了我王必成的6师！”粟裕当即将华野参谋长陈士榘找到面前说：以后凡我华东部队组织歼灭74师的战役，一定让6师参加，一定让王必成同志参加，并嘱咐将此命令记录存档。

> 皮定均，1955年被授予中将军衔。

3. 冤家路窄

不是冤家不聚首。1947年4月，王必成率第6纵于敌重兵追击之下退至山东羊流店以南，此时三面受敌，是进是退迫在眉睫。就在这个时候，王必成作出了一个天才式的决定，挥师迎敌而上，隐兵于敌整编第59、整编第20、整编第64师之间。由此，为整个孟良崮战役的胜利埋下了决定性的“埋笔”。

5月12日，陈粟的命令如春雷炸响。王必成说：“报74师之仇，时机已到！”政委江渭清听到后，笑了起来，“这个王老虎，做梦都想打74师，居然讲起了梦话来。”6纵副司令员皮定均等人跑到王必成的房间里来，叫道：“司令员，没事不要瞎折腾呀！”王

川陕根据地

土地革命战争时期中国共产党领导的革命根据地之一，位于四川、陕西边界地区。1932年12月红四方面军由鄂豫皖区进入四川，在川陕边党组织和王维舟等率领的川东游击队配合下，攻占通江、南江、巴中，开辟了川陕革命根据地。1933年2月成立中共川陕省委和川陕苏维埃政府，6月成立西北革命军事委员会。1935年4月，红四方面军在渡嘉陵江战役后退出川陕根据地，开始长征。

鄂豫皖苏区

土地革命战争时期，中国共产党领导的主要根据地之一。位于湖北、河南、安徽三省边界以大别山为中心的地区，由鄂豫边、豫东南、皖西三块苏区组成。1930年6月，成立鄂豫皖苏维埃政府。1931年1月，成立中共鄂豫皖苏区中央分局，11月成立红四方面军。至1932年6月，鄂豫皖苏区红军粉碎了国民党军队三次大规模“围剿”。1932年7月，由于张国焘战略指导上的错误，第四次反“围剿”失败。

必成那日常一惯紧绷着的脸此刻舒展得像朵花一样：“冤家路窄，这一次可是真的。”

说到冤家路窄，皮定均也是紧紧地攥住了拳头，对于74师，每位6纵将士都有一笔血泪账，而对于纵横疆场屡立奇功的“皮旅”旅长而言，这笔账更是深入骨髓。为了这个对手，一生惯于训人的皮旅长被陈毅灰头土脸地训了一顿。

皮定均，1914年出生在安徽省金寨县双石乡一个贫农家庭，自幼丧父，母亲改嫁后，他变成了孤儿。小时候，皮定均讨过饭，给地主放过牛，饱尝地主的剥削和压迫。1927年金寨建立了中国共产党的组织，领导农民运动，只有13岁的皮定均也闹着要参加农会。乡农会主席对他说：“你人小，不够条件。”他争辩说：“人小也能长大，你们干啥我干啥，你准不准，我都要参加。”农会开会他参加，农会游行他也跟着游行。乡农会主席拿他没办法，又看他是个孤儿，第二年就批准他参加了农会。那时，皮定均成为六区五乡最小的一名农协会员。由于他聪敏伶俐，记性好，不

国民党第一路军总司令庞炳勋

河北新河人。早年入北洋军第三镇服役。后入东三省测量学堂学习。1928年任国民革命军第2集团军14师师长，1930年后任国民党军第40军军长。抗日战争爆发后，任第3军团军团长。1940年任第24集团军总司令兼河北省政府主席。1943年，在太行山与日军作战时受伤被俘，旋投敌。抗战胜利后，所部为国民政府军事委员会收编，任第一路军总司令。1949年去台湾。

久，乡农会主席让他当上乡农会通讯员。他跑村串湾，送文件，下通知，工作十分认真。1929 年，刚满 15 岁的皮定均加入中国共产主义青年团，担任乡、区童子团团长，1930年冬转为中共党员，参加了中国工农红军。从此，他南征北战，参加鄂豫皖苏区第一、二、三、四次反“围剿”斗争。1935 年，红四方面军开始长征。与中央红军会师后，张国焘自恃人多、枪多，拒不执行中共中央北上抗日的方针。时任红军大学教导师第 2 团团长的皮定均，旗帜鲜明地说：“和中央闹对立是没有好下场的。”他号召指战员们起来和张国焘的分裂主义作斗争，坚决主张北上与党中央会合。在创建川陕根据地和长征中，皮定均多次荣立战功。

抗战期间，1939 年皮定均任第 129 师特务团团长，为控制邯（郸）长（治）大道，保卫八路军总部和 129 师师部东南侧的安全，带领特务团到潞城、黎城、涉县、武安等县，放手发动群众，组织抗日武装。交通是日军的生命线，日寇为了不让八路军和游击队控制邯长大道，把靠近公路百米以内的树砍光、房屋烧光，将沟填平，企图把邯长大道变成一个人不能蹲、鸟不能藏的恐怖地带。皮定均带领的八路军和游击队，广泛发动群众，开展各式各样的地雷战麻雀战，日军爬房房炸，砍树树炸，去烧庄稼，刚走到地边就响了地雷！终于将日寇驱出邯长大道。

1943年秋，为了粉碎伪顽军对豫北的蚕食，太行军区任命皮定均为第7分区司令员，率部挺进豫北。皮定均仅用了两个月时间，使大部分县都发展了近两个团的抗日武装。各县不脱产的民兵发展到 3 万多人。皮定均发动武装斗争，打得孙殿英、庞炳勋等伪军部队狼狈不堪。不久，豫北大部分农村被解放。

1944 年夏，日寇集结重兵，向正面战场的河南地区进攻，从洛阳到南阳的广大豫西地区，迅速沦入敌手。党中央为解救豫西人民，打击日寇气焰，命令皮定均率领一支部队开赴豫西。来到豫西，皮定均戎装未解，鞍马未下，即接到上级命令，被任命为豫西抗敌独立支队司令，奉命组织豫西游击队。皮定均顿觉肩上责任重大，他和政委商量，决定以嵩山和箕山为依托，分兵发动群众，组织群众抗日武装。经过近半年的努力，10 个县的抗日武装都建立起来了。这些抗日武装在皮定均的指挥下，不断攻打日军据点，奇袭伪军，惩办汉奸，不久，解放了豫西大片国土。

解放战争开始时，因我中原解放区是全国解放区的前哨阵地，

王宏坤 ——————————————————————— ▼ —

湖北麻城人。土地革命战争时期，任红四方面军第4军10师师长，第4军军长、军政治委员，红四方面军直属纵队司令员等职。抗日战争时期，任八路军129师385旅旅长，冀南军区副司令员，冀鲁豫军区副司令员。解放战争时期，任晋冀鲁豫军区副司令员兼第6纵队司令员，晋冀鲁豫野战军第10纵队司令员兼桐柏军区司令员。

< 王宏坤，1955年被授予上将军衔。

便首当其冲地成为敌首攻目标。蒋介石不断地向我中原解放区发动进攻，妄图把我军围困在狭小地区予以歼灭。在皮定均旅驻防的光山县白雀园、商城县余集、经扶县沙窝、小界岭和靠近潢川的陈家畈、双轮河一线，敌人集结了第7、第72、第45、第49军等4个正规军和3个保安团、4个民团，并在皮定均旅阵地的东南面构筑工事，纵深达10公里，又在东北面的潢川平原留一缺口，妄图当我军突围时诱我进入其设下的陷阱。敌军拟于6月26日向我军发起总攻，并叫嚷要在48小时内"一举包围歼灭"我中原部队。

6月24日下午，旅长皮定均、政委徐子荣接到特级电报，骑马去第1纵队接受战斗任务。纵队司令员王宏坤告诉他，中原军区命令：中原军区主力于25日拂晓开始向西突围，第1旅执行牵制敌人、掩护全军突围西进到陕甘宁边区去的任务。

皮定均旅长从纵队接受任务回到白雀园旅部后，连夜进行战斗部署，当即命令各团以整齐的队形向东进发，故意造成我军主力向东集结突围之态势。为了吸引西线之敌，保障我突围主力侧后的安全，皮定均旅在前沿阵地还不时对敌发起佯攻。这

> 徐子荣，曾任一野61军政治委员。

徐子荣 ———————————————— ▲ —

河南确山人。土地革命战争时期，任中共确山县委书记，中共山西工委秘书长。抗日战争时期，任太行区委宣传部、组织部部长，太行区五地委书记，八路军豫西人民抗日游击队政治委员。解放战争时期，任新四军第5师旅政治委员，华东野战军师政治委员，华北野战军第13纵队政治委员，第一野战军第18兵团61军政治委员。

些战术果然奏效，敌军不仅未能觉察到我军主力的去向，还将西线的部分兵力调往东线集结。

26日黎明，皮定均旅各团主力已集结待命，坚守余集、沙窝一线前沿阵地的部队，抗击数十倍的敌人。我军利用起伏的岗丘、纵横的沟渠、河流乃至田埂等有利地形，进行顽强和有力的阻击，敌军付出了惨重的代价，却未能突破我军阵地。

皮定均旅继续以白雀园为中心抗击敌军。连续三天的阵地战、阻击战，皮定均指挥部队以巧妙的战术迷惑和拖住敌人，为大部队向西突围赢得时间，胜利地完成了掩护主力突围西进的任务。

26日傍晚，皮定均才命令旅部撤离白雀园，各团的主力也相继撤离，各自分路到刘家冲会合。本来从白雀园向东南走6公里即可到达潢（川）麻（城）公路旁的刘家冲，为了迷惑敌人，部队却向西南走了15公里，然后调转方向于27日拂晓前进入刘家冲的密林中。最后一批部队撤离前沿阵地到刘家冲会合的时间，是在27日的深夜。全旅5,000人在漆黑的夜间，冒雨从敌我犬牙交错的阵地上神不知鬼不觉地撤离到预定的地点。

皮定均旅在掩护我军主力西进的计划完成之后，第二步便是实施向东突围的计划，到苏皖解放区与华中兄弟部队会师。如果直接向东突围，不仅要突破敌人一二十公里的纵深工事，并且会受到敌4个军兵力的堵击，即使是取得突围的成功，伤亡一定很大。在掩护主力向西越过平汉铁路之后，皮定均虚晃一枪，令部队装成追赶主力的模样，向西急行，突然地掩蔽起来，猛插向南，闪过敌军的追击，然后出其不意地杀回马枪，摆脱敌军向目的地东进。这一突围计划果然迷惑住敌人，使敌一时难以弄清我军的真正动向。

皮定均指挥部队强渡东淠河，终于走出了大别山。然而，穿越皖中平原的艰巨任务又摆在皮定均面前。在毛坦厂，皮定均召开大会，号召全旅发扬我军英勇顽强、不怕牺牲的光荣传统，抢在敌军完成部署前以5昼夜急行军穿越皖中千里平原。为保证每昼夜行军50公里，部队一律轻装上阵，摆脱敌人的前堵后截，胜利地越过皖中千里大平原，越过津浦线铁路，全旅安全到达东路突围的目的地——苏皖边区。

蒋介石围歼中原人民解放军的阴谋破产后，又调集50万大军，向华中解放区进攻。此时，皮定均的第1旅已进入华中野战军序列，

∧ 1946 年 6 月，中原军区突围时任司令员的李先念。

改番号为第13旅。不久，皮定均调任华中野战军第6纵队副司令员。

在涟水之战中，所向无敌的“皮旅”也吃了整编第74师的亏，向来骂人不留情面的皮定均也被陈毅狠狠地骂了一顿，皮定均哪里受过这种窝囊气。现在，看到宿敌已成瓮中之鳖，皮定均只有一句话，“给我狠狠地打！”

5月15日，在我强大的华东野战军攻击集团5个纵队的猛烈攻击下，蒋军整编第74师被压缩到孟良崮、芦山一带。这时，蒋军的援兵6个师，被我华野强大的阻援集团4个纵队，分别阻击于74师的左、右两翼地区，不能前进一步。张灵甫及其手下官兵已经感到自己离灭亡不远了，但他们不甘心就此被歼，仍在依托几个山头进行最后的挣扎。15日13时，华野发起总攻，炮兵密集的炮弹准确地落在敌军据守的520、540、600高地上，蒋军阵地升起巨大的烟柱。敌炮兵在经过短暂的抵抗后迅速“哑火”，解放军从四面八方扑向敌人据守的一个个山头。

V 孟良崮战役中，我军某战斗小组向520高地冲击。

4. 雪耻复仇

战至16日，华东野战军攻占大碾、碉窝、520高地和540高地，将整编第74师压缩至孟良崮、芦山、600高地一线狭小地区内。

整编第74师阵地均为岩石山地，无法构筑工事，人员、武器都暴露在华野的密集火网之下，空投的粮弹也多落于阵地以外，伤兵无法后送，呻吟不绝，军心动摇。

16日上午，蒋介石向各路增援部队亲下手令，称："山东共匪主力今向我军倾巢出犯，此为我军歼灭共匪完成革命惟一之良机。凡我全体将士应竭尽全力，把握此一战机，万众一心，共同一致，密切联系，协力迈进，齐向当面之匪猛攻，务期歼灭共匪，以告慰总理及阵亡将士在天之灵。如有萎靡犹豫，逡巡不前或赴援不力，中途停顿，以致友军危亡，致匪军漏网逃脱者，定必以畏匪避战，纵匪害国贻误战局，严究论罪不贷。希望奋勉勿误。"

同日下午，汤恩伯也电令第1兵团各部，救援整编第74师，说："我张灵甫连日固守孟良崮，孤军苦战，处境艰危。我奉命应援各部队，务须以果敢之行动，不顾一切，

星夜进击，破匪军之包围，救袍泽于危困，以发扬我革命军亲爱精诚之武德与光荣。其有徘徊不前，见危不救者，绝非我同胞所忍，亦为恩伯所不忍言也。”

在蒋、汤的严厉督促下，国民党军各路增援部队加速向孟良崮地区前进。与整编第74师毗邻的国民党军10个师（军）尽管近得相距不过几公里，但都被华野的阻援部队牢牢地钳制住。

当日下午2时，整编第74师师、旅、团、营全部失去通信联络，已全线崩溃，坐以待毙。

华野6纵副司令皮定均向特务团团长何凤山下达命令：

“你的第一步任务是打下孟良崮底下那个山头，有个立足点；第二步任务是从那里往上打，这会很困难；最后的任务是打到孟良崮山顶，直捣74师指挥所，活捉张灵甫。”

何凤山的6纵特务团多是技术兵种，只有1个警卫营、3个连。何凤山带领部队向孟良崮山脚下的小山头出发，不一会就占领了小山头。

凭借火力支援，警卫营从小山头向孟良崮进攻。由于孟良崮山光秃且陡峻，敌军的火力很强，部队运动缓慢，为了减少伤亡，何凤山采取前轻后重的战术，迫使敌军火力点暴露，然后再想办法消灭这些火力点。特务团就这样一面消灭敌军火力点，一面向山顶艰难地前进，好不容易接近了山顶。突然，从山上冲下一支队伍，与特务团混在一起了。原来是74师参谋长魏振钺带领师部人员企图突围，这股敌人很快被特务团俘获了。魏振钺告诉何凤山，张灵甫在顶上山洞里。

孟良崮顶呈蘑菇状，很难攻进去，何凤山组织战士搭人梯，迈向山洞。在山洞里，张灵甫正嘶哑着嗓子向南京呼叫：

“我是张灵甫。黄百韬不援救我，李天霞不援救我，现在已到了困难的顶点，不必派飞机来救援，弹药都落到共军手中，我已到了‘尽忠报国’的时候，并已写好了遗嘱……”

这时，74师副师长蔡仁杰、538旅旅长卢醒正各自拿着老婆孩子的照片，相对而泣，不愿将枪口对准自己的脑袋。74师副参谋长严运良向洞口跑去，在洞口向腮帮子擦着皮打了一枪，弄得满脸血污，横在洞口装死。谁都不情愿按照张的指示去“尽忠”，大家都不想死，集体成仁的机会就失去了，更何况洞外的手榴弹、子弹已经打进山洞。

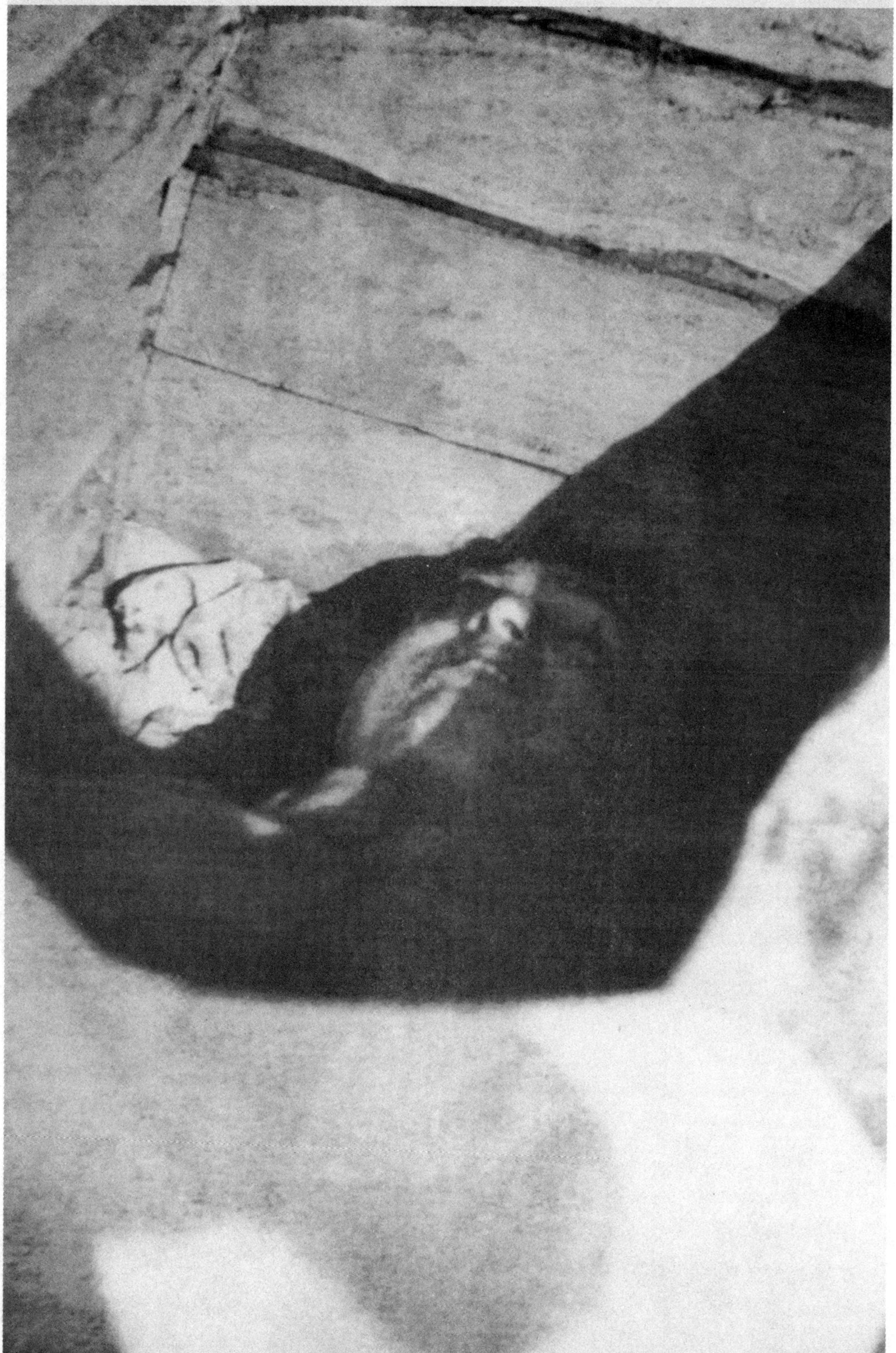

∧ 被我军击毙的国民党整编 74 师师长张灵甫。

< 孟良崮战役中，当地老大娘为我军炮兵指点目标。

“你们不要打了，我们的师长都被你们打死了！”洞里有人大声喊。

枪声停了，刹那间竟之而来的是更大的声音，接着大雨从天而降。假如暴风雨提前几天降临，74 师不致断水。

“这是我们师长。”发报机电讯员指着一具尸体说。

那具尸体趴在地上，一名战士翻转过尸体，取下胸符，上写中将张灵甫。

1947 年 5 月 16 日，距涟水城失守刚好 5 个月，王必成登上孟良崮主峰，长舒一口气，叹道“终于雪耻！”

第 6 纵第 18 师孟良崮战斗的详报：

一、局部情况：

顽74师为我兄弟部队攻追退守孟良崮山区一带遭我友邻部队围歼。我正面之横山、宫山、大山场、业介沟等高山均为敌所控制，其高地以南之垛庄亦为敌扼守（后查垛庄仅有敌辎重团之一个连）。

二、攻击时间地点：

5 月 15 日晨 3 时，以 54 团驻东长命之一个营配合 53 团攻占垛庄，52 团为师预备队。

15 日晨 8 时，53 团继续向横山、宫山攻击前进，54 团向业介沟、大山场、杨介庄，52 团前进至石屋南岭一线集结。

15 日下午 7 时，抽 53 团两个营配合 54 团攻歼业介沟守顽两个营，至翌日晨 3 时业介沟顽敌为我全歼，阵地亦为我 54 团占领，52 团继续进至马庄待命。

16 日晨 4 时，全线出击，52 团攻占 285 以东之第一个 540 高地，54 团攻占第二个 540 高地，53 团攻占芦山。各团攻占上述地点后，继续向孟良崮、600 高地攻击前进，会师于孟良崮。16 日下午 5 时，战斗完全解决。

三、战斗性质与任务：

山地攻击战，我有配合友邻围歼 74 师之任务，战斗共分为四个阶段，第一步攻占垛庄，第二步攻占横山、宫山、大山场、业介沟，第三步攻占两个 540 高地及芦山山顶，第四步攻占孟良崮。

四、战斗进展：

5 月 15 日晨 3 时，54 团 2 营一个营由东长命经沙屋后由西向东配合53团攻占垛庄，战斗数小时，该守顽一个连被我全部歼灭垛庄，攻占后53团全部进驻垛庄；54团除仍留2营于垛庄外，其余部队集结于东西长命，南庄石灰窑之线并派一个连伸至陈家庄向界牌警戒；52团原集结于西山盘、老虎窝、黑沟、剪子沟一线为师预备队，垛庄为我占领，该团则前进至马路泉，石屋南山岭、二条领之线；师指挥所由黄人庄移至横沟，攻击垛庄后，师指挥所即移至寺后凹。

15日晨8时，53团继向北横、宫二山攻击前进，战斗至上午10时，横、宫二山均为我占领。敌后缩至芦山高地顽抗，该团当即布置兵力火力构筑工事，巩固新阵地，部队亦略作休整。54团上午8时经写子郎向北攻击前进至业介沟，遭受敌两个营兵力之阻击，敌火力猛烈，地形又受到限制，齐心合力不能前进，与敌相持于业介沟之线。

下午7时，我抽53团两个营兵力由宫山向西打，配合54团2营攻歼业介沟、大山场、杨介庄之敌。该敌首以强烈火力组织封锁山凹及便于我利用之攻击道路，采取顽强抵抗，经我10分钟炮击后，敌伤亡惨重形成狼狈溃乱状态。我组织突击队借火力的掩护，一举猛扑，敌不支，除少数窜退540高地外，大部为我就歼。当夜54、53团即组织继续攻击前进，夺取540高地及芦山山顶，旋因情况地形不许，攻至天明未克，部队停止攻击。52团进至马庄一线待命出击。

16日上午4时，敌向东移动，有企图突围模样，我当即布置全线出击。52团由马庄向东北之285高地攻击前进，旋因该85高地已为我友邻独立师攻击中，部队拥挤难于展开攻击，遂改变向285高地以东之第一个540高地攻击，并向孟良崮攻击前进。53团由横山、宫山向芦山进攻，该团以2、3营之4、7连为突击连，由南向北齐头并进，另以6连绕至芦山东北敌侧后，配合正面攻击占领后，乘胜向孟良崮攻进。54团向第二个540高地攻击前进，该守敌于上午7时向东溃退，540高地遂为该团夺取，该团占领540高地后，配合53团向孟良崮攻击前进。

孟良崮守顽在四面紧逼遭我高度密集炮火杀伤下不支，曾数次向我反扑挣扎，企图抢夺原有阵地，并进行数次突围，遭我一一击退。我配合友邻乘胜直扑孟良崮，至下午5时歼灭74师于600高地，战斗乃告胜利结束。

> 孟良崮战役中，我军报务员在紧张地工作。

❶我军某部向敌阵地发起攻击。

❷ 我军在前沿阵地抵御国民党军的进攻。
❸ 我军登上兰封城头。
❹ 我军正在进攻敌城关。
❺ 我军某部大军徒涉前进。

陈士榘

(时任华东野战军参谋长)

……这时,敌军各部队都以为自己是主战场,频频出现相互呼叫增援的滑稽场面。

求援无望,张灵甫只好拼命突围逃命。

开始向东南,想向整编第83师靠拢,但立即被我第8纵队击退;接着改向西突围,欲想向整编第25师靠拢,又被我第1、6纵队击退。

黄昏后,其残部龟缩在520高地至芦山一线的沟、崮之中,作困兽之斗。

敌人临时占领了芦山、孟良崮阵地,满山崮和山沟都是岩石,难以构筑工事,人员、马匹、辎重完全暴露在我军的强大火力之下。

敌人空投的粮、弹也多半落在其阵地之外,为我所获。

……山上一片火海,血肉横飞,敌整编第74师的人马东躲西藏,争相逃命,战斗队形完全混乱。

张灵甫和他的少数人员藏在一个山洞里,拼命向南京呼救。

我各路攻击部队乘机突入敌阵,以白刃格斗消灭顽抗残敌。

战至16日上午,敌主阵地各制高点全部被我攻占。

——摘自:陈士榘《孟良崮战役》

★★★★★

王必成

(时任华东野战军第6纵队司令员)

(5月16日)时近中午，在我华野各路大军的合力围攻下，孟良崮周围的主要制高点全被我占领，残余的敌人以及大批的辎重、骡马都退缩、堆集到磨盘似的孟良崮顶和600高地等光秃秃的山头上。这是，我们清楚地看到，敌人已经到来弹尽粮绝、走投无路的绝境了。我们的每一发炮弹，都要打死打伤敌人一大片人马。他们绝望的哀号声，互相践踏的叫骂声，都可以隐约听到，敌空军投掷下来的弹药、熟食、饼干、罐头、水囊等等物资绝大部分落在我军的阵地上。战士们望着飘落下来的降落伞，吃着敌人送来的食品，风趣地说："蒋介石不愧是运输大队长，派'黑寡妇'(对敌运输机的称呼)送饭可真及时呀！"

——摘自：王必成《飞兵激战孟良崮》

第十一章

枭雄末路

∧ 战斗结束了，我军指战员凯旋而归。

粟裕清点人数，发现还有7,000人静静地守候在山谷里。74师被歼，孟良崮下了一场豪雨。张灵甫临终绝笔和死亡之迷。6纵花了400块大洋为张灵甫买了个大棺材，野猪旺村，9名74师将校排成半月形跪下，为张灵甫送终。蒋介石哀叹“这是我军剿匪以来最可痛心、最可惋惜的一件事”。战役背后成败原因的再解读。

1. 清理战场

战事结束，清理战场。华野将士们并没有被胜利的喜悦冲昏了头脑，就在一批一批地收拢部队、一项一项地清点战果的时候，新的情况出现了。

我军电台发现在孟良崮地区仍有微弱的敌军电台的信号在活动。粟裕一下皱起了眉头，严令各部更加仔细地清查毙伤俘敌的实际数字。各纵的数字陆续地报了上来，粟裕拿着红蓝铅笔一项项地在纸上累加着，他的眉头越皱越紧。他拿起电话，开始给各纵下命令，根据各部的报告，我发现所报歼敌数与74师的编制员额相差甚大，这是很严肃的问题，各部应继续进行战场搜索，直到搞清这些敌人哪里去了为止！

于是，本来已经下了山的部队又纷纷返回，继续耐心地寻找，看到底有没有残存的敌人。终于，在600高地与孟良崮主峰之间的洼地里，部队发现有黑压压的敌人静静地呆在那里。

7,000人的部队，猬集在一处，一动不动。这当然需要相当的战斗素养，足见张灵甫平日治军之严，也足见74师战斗力之强。华野将士们迅速地扑将上去，痛快利落地将这7,000人俘获了。原因很简单，这批部队已经没有一枪一弹了，他们要做的只是规规矩矩地跟着解放军走就是了。透过现存的历史照片可以看出，那些被俘的74师官兵满脸是失败后的落寞和沮丧，但其队形依然是齐整的。

在山洼中发现了74师的7,000人，在今天看来，可以给我们几点启示：其一，粟裕将兵可谓妙到巅峰，冷静到了极点。在获得全歼敌军，足以让任何人狂喜不已的时候，他毫不为之所动，依然在一笔一笔地清点人数，算细账。遇到这样冷静的对手，张灵甫焉能不败。其二，解放战争时期，我军的作风是严谨求实的。各路纵队把胜仗打下来自是不易，而在报功评奖的时候依然实事求是，不贪功，不虚报，不隐瞒，这才是更加可贵的品质。由此，才可能产生粟裕在统计歼敌数时能够作出正确的判断。

“运输师长张灵甫，工作热情又积极，运武器，送弹药，慰问我参战野战军……蒋介石的大红人，你替狗卖命见阎王……”暮色渐渐降临，华野指战员以的无比畅快的心情，一边唱着自编的小曲，一边打扫着战场。

山坡上到处是狼藉的死尸，摔坏的枪械，破烂的衣服，死马死畜尸烂骨碎，阵阵的恶臭扑鼻而来。

看到满山遍野的尸体，就连身经百战的陈毅司令员也动了不忍之心。他喟然长叹了一声，说：“以后的娃儿们，可千万不能让他们再打仗了。”

就在华野的战士们刚刚将战场打扫完毕，天上雷声大作，几十天干得冒烟的孟良崮忽然降下了倾盆大雨，漫天豪雨将血水，将硝烟，将惨烈征战的痕迹冲刷得干干净净。

在国民党军队编撰的战史中是这样描述这场大雨的：“是时狂风骤起，杂以雨雹，惨烈之象，诚足以惊天地而泣鬼神，我整74师全体官兵于此完成其壮烈牺牲，尽忠报国之神圣职责。又据负伤官兵称，17、18等日负创离开山地时，自山顶以至山脚尸骸委积至于不能通行，山下沟渠亦为尸骸填塞，雨后流水尽赤，匪我伤亡当在七八万云。”

壮烈牺牲也罢，神圣职责也罢，在哀叹之余，国民党军也应该醒悟，打了整整4天，滴水不降，却在仗打完了，天降大雨，可见天理并不在国民党这一边。

2. 死亡之谜

解放战争开始后，张灵甫主动请缨，率整编第74师开赴内战前线，在作战中异常卖力，成为蒋介石在华东战场的头号打手。在解放战争中，国民党军高级将领阵亡的不在少数，但没有一位将领的死像张灵甫这样受到海内外的广泛关注。

蒋介石打内战不得人心，许多国民党军将领对这场内战采取避而远之的态度。如在十年内战和抗战中极受蒋介石赏识的骁将关麟征，这次就没有再走上内战前线。张灵甫并非出身地主富户，其祖父当长工，其父亲是目不识丁的庄稼人，与共产党并无深仇大恨，何

淮南保卫战

1946年7月13日，国民党军大举进攻淮南路东解放区，企图消灭我淮南主力部队，打通津浦路，直达两淮。面对国民党的进攻，中共中央指示华中分局，要集中主力出击淮南津浦线，收复淮南失地，并准备打大仗。7月20日战斗打响，由于敌强我弱、形势突变等原因，我军处于背水作战的不利境地。7月29日，党政军机关及主力部队奉命先后撤出淮南，由6旅16团坚持淮南游击战争，这次保卫战，历时半月，共歼敌2,000余人。

来如此打内战的劲头？也许是为报效蒋介石。据说，蒋介石非常赏识张灵甫的骁勇，张灵甫对蒋介石也感恩戴德，一心为其卖命效劳。

客观地说，张灵甫确实极善用兵，其战术方面的才干在国民党军中罕有匹敌。他率74师开赴华中前线后，曾取得一连串作战的胜利，连陷淮南、淮阴和涟水等战略要地，一时大出风头。这些战役显示出74师不仅装备精良，具有凶悍的突击力，而且作战灵活，战术狡诈多变，为国民党其他部队所不及。论实力，74师在国民党军"五大主力"中并非最强。"五大主力"中的新1军、新6军、第5军因为是军级编制的部队，兵力

V 淮南保卫战中，我军某部向前线挺进。

V 现存于世的未公开的张灵甫肖像。

美国“M1A2”式155毫米榴弹炮

美国1942年开始制造，1943年装备部队。该炮口径155毫米，初速564米/秒，炮身长3,790毫米，炮管长3,565毫米。高低射界－2°～63°，方向射界49°。膛线根数为48，膛线类型等齐右旋。射速2发/分，最小射程1,270米，最大射程14,600米。配用弹种为制式榴弹、化学弹、烟幕弹、照明弹等。榴弹弹丸重43.1千克，弹药基数为150发，杀伤面积：30×50平方米。第二次世界大战时期，该炮是美国陆军主要的重型火炮之一。

都比74师强大，且作战常有美式155毫米重型榴弹炮和战车配合，火力也远强于74师。“五大主力”中的另一个师级部队——整编第11师，其兵力、装备和官兵素质也不逊于74师。但是74师却号称“五大主力”之首，这固然是因其训练优良而被蒋介石称为“模范部队”，更主要的还是内战开始后的表现。74师之所以在内战初期显得飞扬跋扈，所向披靡，主要是张灵甫的用兵才能较国民党军大多数将领要强，有更大的主动性和灵活性。当时，他被华东野战军视为头号对手。粟裕自淮阴之战后，就牢牢地记住了这支虎狼之师，一直将歼灭74师作为首位作战目标。他看清了这是敌军一支行动大胆、战术灵活、战斗力很强的精锐部队，对我华东野战军威胁最大，只要打掉了这个敌军的骨干兵团，就能给蒋介石对解放区的进攻以最沉重打击。孟良崮之战，充分显示了粟裕在战役设计上的弥天大勇和坚定决心。

孟良崮战役的经过历有所载，人们已经耳熟能详，但关于张灵甫的死亡，至今仍是众说纷纭，各执己见。史载或口传的内容彼此出入，更增加了张灵甫死亡的神秘色彩。

国民党方面认定张是自杀身亡，一位在孟良崮侥幸突围的74师副团长向南京的国民党政府国防部报告说，张灵甫在74师覆灭之际自杀“成仁”；另有一位声称目睹张灵甫死亡经过的74师下级军官说，张灵甫在解放军攻击部队进逼其指挥部所在山洞的最后关头，将师部军官集中，宣布要集体自杀，“报效总裁”，然后命令副官刘立智用汤姆枪将自己、副师长蔡仁杰和旅长卢醒打死。

解放军方面的说法是将其击毙，据称：张灵甫和卫兵据守山洞顽抗，解放军先以手榴弹攻击，然后以汤姆枪扫射，将其击毙。老将军盛政权曾为张灵甫验尸，他的回忆是这样的：

孟良崮战役告捷，设在山下的华东野战军第4纵队司令部指挥所频频接到战斗前沿打来的电话：“张灵甫自杀了，张灵甫自杀了！”指挥所里人员奔走相告。

“是自杀吗？”待战斗前沿报捷电话又一次打来时，陶勇操着浓重的安徽霍丘口音大声询问。

∧ 被俘的国民党军整编 74 师的官兵，听我军干部讲解优待俘虏政策。

∧ 陶勇，1955 年被授予中将军衔。

陶 勇

安徽霍丘人。土地革命战争时期，任工农红军第四方面军团长，红 9 军教导师师长等职。抗日战争时期，任新四军苏皖支队司令员，苏北指挥部第 3 纵队司令员、第 1 师 3 旅旅长兼苏中军区第 4 分区司令员、苏浙军区第 3 纵队司令员兼政治委员等职。解放战争时期，任华中野战军第 8 纵队司令员兼政治委员、华东野战军第 4 纵队司令员，第三野战军 23 军军长等职。

“报告司令员，是俘虏兵讲的。”

电话那头未能作出肯定的答复。

“怎么搞的？”陶勇生气地将电话一撂。

司令员发火了，大家谁也不敢吭声，但心里却在嘀咕着：“仗打赢了，敌整编74师师长张灵甫也死了，首长还有什么不满意呢？”

“警卫员，备马！”陶司令员将手中的半截烟掐灭，粗声粗气命令着：“去600高地，寻找张灵甫尸体！”

“是，集合！”警卫班长一个立正行了个军礼。瞬间，警卫班20多人齐刷刷地站成一队。

“马夫老吴，医生‘小白脸’（盛政权皮肤较白故有此昵称），随队出发，再在当地找个熟悉地形的向导！”陶司令员又下了一道命令。

从山下的第4纵队司令部指挥所至孟良崮600高地，距离约8公里。山路崎岖曲折，举步维艰，有的地段几乎要匍匐前进。行至半山腰，因马受惊，陶司令员从马背上摔下来，只好弃马步行上山。

在向导的指点下，队伍抄小道赶到600高地。光秃秃的孟良崮山顶躺满了横七竖八的敌军尸体。大家迅速行动搜寻张灵甫尸体。约一刻钟后，一警卫人员在一个炸毁的发报机旁发现一具身穿将官制服且面部朝上的尸体，当他取下其胸章时，禁不住大叫起来：“找到了，找到了！”他随即将写着“中将张灵甫”的胸章交给了陶司令员。

“小白脸，为张灵甫验尸！”陶司令员语调铿锵激昂，声震山谷。

盛政权一丝不苟地进行验尸。他首先检查头部，发现除左面颊擦去一块皮外，其他无伤痕。他解开张灵甫胸前纽扣，发现其前胸有两个枪眼，子弹是直穿心脏从后背飞出的，躯体倒在血泊里。他反复检查枪伤，判断两枪眼均是200米以外远距离射击而致。枪眼口径较小，符合我军战士使用的美制“加拿大”冲锋枪口径。一般来说，国民党军高级将领自杀，都惯于用手枪打太阳穴，而张灵甫头部无枪伤；退一步说，就是张灵甫当胸开枪，也难以连发两枪形成两个枪眼，况且衣服上没有火药燃焦的痕迹，故排除了自杀。验尸结论为：张灵甫系被我军击毙身亡。

盛政权将验尸结果报告给陶司令员，并详细说明其理由。陶司令员满意地点点头：“我说他不会自杀的，他想突围逃命，才落得这个可悲的下场！”

“报告司令员，发现一本军官证和一张照片！”验尸后，一警卫人员从张灵甫内衣口袋搜出两份遗物。

陶司令员接过一看，军官证外部血迹斑斑，但夹在里面的张灵甫照片完好无损。他幽默地说：“军官证上交，这照片嘛，‘小白脸’验尸有功，就留作‘纪念’吧！”

近年来又有一种新的说法，说张灵甫是被俘后又被击毙的。按照这一说法，张灵甫并未像他宣称的以自杀来报效蒋介石，而是在我军攻入山洞时举手投降，但华野6纵的一位干部痛恨他在涟水之战中对我军犯下的血债，用汤姆枪将其击毙。据查，打死张灵甫的人是一位排长，这位排长因此被关了禁闭。其实，华野痛恨张灵甫和74师的并不只是下层官兵，许多高级将领同样如此，因为74师骄横异常，口出狂言，不把我军放在眼里。但是，尽管当时我军上下对张灵甫和他的74师满怀仇恨，但并不想打死他，战前华野的动员口号是“冲上孟良崮，活捉张灵甫！”里面说的可是活捉，而不是干掉张灵甫。

陈毅曾说过，张灵甫是位能打仗的人，如果将其活捉，打算请他当军事教员。孟良崮战役时，74师副师长邱维达正奔丧回家，因此得以漏网，战后他奉蒋介石之命，收集残部重建74师。淮海战役中，该部再度覆没，邱维达本人也做了俘虏。因为他是蒋介石“模范军”的主要将领，因此被提前释放，到解放军最高军事学府南京军事学院当了一名教员。他的学生中就有当年挥兵鏖战孟良崮的我军将领。由此可见，共产党人胸襟的博大。

解放后，张灵甫的一对子女同普通劳动人民的子女一样受到人民政府的关怀，儿子大学毕业后在西安担任中学校长，女儿中专毕业后在西安一家医院当医生，都建立了幸福美满的家庭。张灵甫之妻王玉玲在改革开放后也经常回国，受到国家领导人的接见。

破解张灵甫的死亡之迷，实际上有一种最为直接简捷的方法，那就是开棺验尸。张的尸体至今仍埋葬在山东沂

水县野猪旺村，在征得张家属的同意后，检验一下张的尸骨，根据尸骨的弹创部位可确定其是如何死的。若弹洞在头骨部分，与粟裕所说的部位一致，即可证明是被俘后遭枪杀。若弹创在胸骨部分，亦可根据射击的方向判断是顽抗被击毙还是被手下乱枪打死。但这样做对于亡人而言却又实在有些不恭。

其实张灵甫怎么死的并不重要，历史的长河在细节处留下一个个小小的漩涡，但终究要东流到海。张灵甫抗日有功，不亏大节。但在国共争斗中误判形势，命丧黄泉也是自作自受。只是给后人留下了太多的假如假如，绕到今天依然是无休无止。

V 在孟良崮战役中缴获的国民党军山炮。

3. 成败从头说

孟良崮战役过后一周年，毛泽东在西柏坡见到粟裕，问道："去年此时，你们在山东打了一仗，战果如何？"粟裕答道："是的，我们在孟良崮全歼74师，击毙了张灵甫。"毛泽东笑道："你们那样果敢、迅猛地消灭了74师，在中国这块土地上，有两个人没想到，一个是……"粟裕脱口而出："蒋介石。他痛呼，我的精锐之师遭此惨败，实在没想到。"毛泽东："还有一个人呢？"粟裕："陈诚？"毛泽东："不足挂齿。"粟裕："何应钦？"毛泽东："何足道哉。"粟裕："白崇禧？"毛泽东："离题千里了。"粟裕："那么是谁呢？"毛泽东："第二个没想到的就是我毛泽东！"

毛泽东此言并非虚辞，作为一名纵横捭阖行棋布子的战略高手，太明白孟良崮战役对整个中原战局的重要性了。

从战略态势看，1946年6月至1947年3月是国民党军全面进攻阶段，在付出了71万有生力量的代价后并未实现预期的目标。1947年3月后，国民党军转入重点进攻阶段，到孟良崮战役前，陈毅和粟裕领导的华东野战军逐步地被压缩到山东半岛东部的狭小区域内，战略态势十分被动。可以说，国民党军遇到了前所未有的与华野解放军决战的机遇，而作为国民党军品字型进攻集团的尖刀，张灵甫及其整编第74师敏锐地嗅到了这一稍纵即逝的机遇，孤军突进也罢，主动以孟良崮为扎营地也罢，都是张灵甫为了实现"中心开花"的战役布势所做的大胆努力，行棋不可谓不险，也不可谓不高明。蒋介石对于战场态势的研判也是十分精确，"磨心战术"的提出并非异想天开。从华野的角度讲，鉴于生存空间一再被压缩，陈粟一度曾想退入苏北以作长远打算。能够提出"敌进我进"、"百万军中取敌上将"的设想，更是缜密分析敌我态势反复权衡后作出的天才决断。如果说粟裕比张灵甫棋高一着的话，那就高在华野第6纵的巧妙藏兵、百里飞兵和垛庄封兵。解决了这个关键环节后，双方比拼的便是实战的意志、勇气和协调性了。

从实力对比看、陈毅粟裕的华东野战军总兵力在30余万人，中原野战军各部队的总兵力不足20万人，战略目的仍然是在运动中消灭敌人有生力量。而国民党军在华东战场上，投入了45万人的精锐部队，在这个品字阵形的战略部队中，张灵甫3万余人的整编74师，兵员充足，相当于一个主力军，属于机械化的美式重装部队，战斗力十分强悍，算是国民党军的看家本钱。它处在品字形的头部，无论在战略上还是军力上都是一支无法取代的尖刀和锋刃部队，因此成为战略核心。但由于张灵甫在孟良崮扎营，74师的美式重装无法发挥应有的战力，加之天公不作美，连日无雨，无形间也削弱了国民党军的实力。

战事的进程已不必再赘述了，只是从战事的推演中，可以充分看出国民党军一些突出的劣点：

从最高统帅看，毛泽东在战役中充分地体现出“疑人不用，用人不疑”的博大胸襟和战略眼光，只在宏观上进行把握，而在具体的细部的操作上放手让陈粟自行定夺。反观蒋介石则是事必躬亲，小到一个连队的调动和部署都要亲自过问。这就无形间给战场指挥者套上了繁重的枷锁，也增加了将帅不和互相猜忌的不良氛围。

从战场指挥看，陈粟表现出无比彻底的决心，“打掉多少，给你补充多少”、“打光了可以恢复建制”，这些话是何等的大气磅礴。对于作战不力者，粟裕下令：“任何人不得再言撤退！”陈毅也宣布了追究失职者责任的“撤职、查办、杀头”的三大战场纪律，并严令各纵队务必不顾一切牺牲，限在24小时内攻上孟良崮，歼灭74师。同时，打破解放军历来只在夜里打大仗的传统，在16日白天也继续进攻，直至16日下午3时完全攻占孟良崮主峰，击毙张灵甫。反观国民党军，张灵甫按常理推断，只要他坚守一两天，周边国军是无论如何都能开进来的，他也的确死守了近3天。然而，可悲的是，就是他守到第三天，不说远处的国军磨磨蹭蹭没有开到，就是近在咫尺的整编第83师与整编第25师都没有赶到位。从黄百韬和李天霞后来的回忆可以看出，国民党军尽管有蒋介石在后面拼命督阵，但一贯形成的保存实力、互相掣肘的作风，在关键时刻每每使它们无法形成最佳的战斗力，军心不齐是其落败的重要原因之一。从另外一个角度讲，张灵甫及其74师过于骄狂成性，不说张灵甫与李天霞之间的既有过节，就连74师下面的一个小兵都可以不把总指挥汤恩伯放在眼里。这样的骄狂之师，的确很难让人家在危难之时真心实意地施以援手。

总之，孟良崮战役结束，整编第74师被全歼，在战略上意味着国民党军在中原地区实施重点进攻的拳头被陈粟狠狠斩断，国民党军就此丧失了对中原地区解放军的打击能力。在战场态势上就此只能转入全面防守、全面退缩。

❶ 我军在战斗中缴获敌人的坦克。

② 

③ 

④ 

⑤ 

❷ 我军炮群准备向敌阵地轰击。
❸ 我军战士们把俘虏押上帆船，运送到后方。
❹ 我军突击船在炮火掩护下追击敌人。
❺ 我军战士冒着严寒，渡过深水，向敌发起总攻。

王诚汉

(时任华东野战军第1纵队独立师第1团团长)

孟良崮战役，充分显示了我华东野战军首长深谙毛泽东军事思想的高超谋略，善于从实际出发，一改历来先打弱军或翼侧之敌的传统战法，以“从百万军中取上将首级”的气概（陈毅语），采取中央突破，打掉了国民党军的王牌劲旅。

这一仗，彻底粉碎了国民党的“鲁中决战”的计划，挫败了国民党军对山东的重点进攻。

其意义之重大，正如战后新华社述评：“打击了蒋介石最强大的和几乎唯一的进攻方向，打击了蒋介石最精锐的部队，这一打击又出现在我全面反攻前夕，因而具有特殊重大的影响。”

连蒋介石也哀叹是他“最可痛心的、最惋惜的一件事”，是“无可补偿的损失”。

——摘自：《王诚汉回忆录》

★★★★★

粟　裕

(时任华东野战军副司令员)

孟良崮战役是解放战争以来，我军与蒋军在华东战场上一次正面的大规模较量，表明了我军的作战指导、指挥艺术、战术技术和军队士气都大大高于敌人。

孟良崮战役还使我体会到，作为战区指挥员，应不断地研究、分析敌我力量的对比变化，发挥主观能动作用，敢于适时地把战局推向新的水平，而不能坐待条件完全成熟……

——摘自：《粟裕战争回忆录》

《聚歼天津卫》	《解放大上海》	《合围碾庄圩》	《进军蓉城》
《保卫延安》	《血拼兰州》	《喋血四平》	《剑指济南府》
《鏖战孟良崮》	《席卷长江》	《攻克石家庄》	《总攻陈官庄》
《围困太原城》	《登陆海南》	《兵发塞外》	《重压双堆集》

1.部分图片由解放军画报社供稿

摄影作者(按姓氏笔画排列)：

于天为	于庆礼	于成志	于坚	于志	于学源	马金刚	马昭运	马硕甫	化民	孔东平	毛履郑
王大众	王文琪	王长根	王仲元	王纪荣	王甫林	王纯德	王国际	王奇	王学源	王林	王述兴
王青山	王春山	王振宇	王晓羊	王鼎	王毅	邓龙翔	邓守智	丕永	冉松龄	史云光	史立成
田丰	田建之	田建功	田明	白振武	石嘉瑞	艾莹	边震遐	任德志	刘士珍	刘长忠	刘东鳌
刘叶	刘庆瑞	刘寿华	刘保璋	刘峰	刘德胜	华国良	吕厚民	吕相友	孙天元	孙庆友	孙候
安靖	成山	朱兆丰	朱赤	朱德文	江树积	江贵成	纪志成	许安宁	齐观山	何金浩	余坚
吴群	宋大可	张平	张宏	张国璋	张举	张炳新	张祖道	张崇岫	张鸿斌	张谦谊	张超
张颖川	张熙	张醒生	张麟	时盘棋	李丁	李九龄	李久胜	李书良	李夫培	李文秀	李长永
李风	李克忠	李国斌	李学增	李家震	李唏	李海林	李基禄	李清	李维堂	李雪三	李景星
李琛	李锋	李瑞峰	杜心	杜荣春	杜海振	杨绍仁	杨绍夫	杨玲	杨荣敏	杨振亚	杨振河
杨晓华	沙飞	肖迟	肖里	肖孟	肖瑛	苏卫东	苏中义	苏正平	苏河清	苏绍文	谷芬
邹健东	陆仁生	陆文骏	陆明	陈一凡	陈书帛	陈世劲	陈希文	陈志强	陈福北	周有贵	周洋
周鸿	周锋	周德奎	孟庆彪	孟昭瑞	季音	屈中奕	林杨	林塞	罗培	苗景阳	郑景康
金锋	姚继鸣	姚维鸣	姜立山	祝玲	胡宝玉	胡勋	赵化	赵良	赵奇	赵明志	赵彦璋
郝长庚	郝世保	郝建国	钟声	凌风	唐志江	唐洪	夏志彬	夏枫	夏苓	徐光	徐肖冰
徐英	徐振声	流萤	耿忠	袁汝逊	袁克忠	袁绍柯	袁苓	贾健	贾瑞祥	郭中和	郭良
郭明孝	钱嗣杰	陶天治	高凡	高礼双	高帆	高宏	高国权	高洪叶	高粮	崔文章	崔祥忱
常春	康矛召	曹兴华	曹宠	曹冠德	盛继润	章洁	野雨	隋其福	雪印	博明	景涛
程立	程铁	童小鹏	董青	董海	蒋先德	谢礼廓	雁兵	韩荣志	鲁岩	楚农田	照耀
路云	熊雪夫	蔡远	蔡尚雄	裴植	潘沼	黎民	黎明	冀连波	冀明	魏福顺	

(部分照片作者无记载：故未署名)

2.部分图片由gettyimages供稿
